东莞市博物馆丛书

先秦 东江三角洲陶器研究

Pottery Research of Pre-Qin Dynasty
of the Dongjiang River Delta

娄欣利 著

科学出版社
www.sciencep.com

内 容 简 介

　　本书利用近年考古发掘和调查的资料以及相关的科技研究成果，对先秦东江流域陶器工艺和使用及其所反映的社会情况进行整理和研究。书中先分四个时段综合阐述各个时段陶器工艺和使用的基本情况，再分别归纳陶器的原料选择和加工，成型、修整和装饰，烧制，种类、形制和使用这四种要素的变化轨迹，以及总结四种要素之间的内在关系；同时探讨这四种要素与当时的生态环境、社会生产能力和文化传统的密切关系。

　　本书可作为高等院校考古专业、博物馆学专业和历史学专业师生，以及考古和科技考古工作者参考的学术论著，也适用于文物爱好者阅读。

图书在版编目（CIP）数据

先秦东江三角洲陶器研究／娄欣利著. — 北京：科学出版社，2010.11

ISBN 978-7-03-029100-4

Ⅰ.①先… Ⅱ.①娄… Ⅲ.①陶器（考古）-研究-广东省-先秦时代
Ⅳ.①K876.34

中国版本图书馆CIP数据核字（2010）第188769号

责任编辑：宋小军／责任校对：陈玉凤
责任印制：赵德静／封面设计：谭　硕

科 学 出 版 社 出版

北京东黄城根北街16号
邮政编码：100717
http://www.sciencep.com

中国科学院印刷厂 印刷
科学出版社发行　各地新华书店经销

*

2010年7月第　一　版	开本：889×1194 1/16
2010年7月第一次印刷	印张：12 1/2
印数：1—1 500	字数：310 000

定价：180.00元
（如有印装质量问题，我社负责调换）

Pottery Research of Pre-Qin Dynasty
of the Dongjiang River Delta

总　序

罗丹曾言："世界并不缺乏美，只是缺少发现美的眼睛。"

东莞，一座创造了并继续创造着经济和社会发展奇迹的城市。在这个面积不过2 465平方公里的"弹丸"之地，在短短的30年间，历史巨变呈现了从贫穷到富庶的巨大反差，以至于许多人相信，东莞的今日，不过是历史的　个意外。

然而，欲理解一座城市的今生，就必须读懂她的前世。事实上，东莞历史悠久，文脉绵长。在经济的外表下，她有着穿越时空的人文魅力。虎门销烟，那缕融会历史悲凉与豪迈的硝烟弥漫延续至今。从近代再往前追溯，纵观各历史时期，东莞先哲乡贤在广东乃至国内外都产生了广泛的影响，他们的皇皇著述、什履政声，为莞邑积淀了厚重的文化底蕴，他们的精神风范为中华民族增色添辉。尤其在明一代，人才之盛可用"群星灿烂"来形容，难怪理学名臣丘濬在为东莞县所写的《重建儒学记》一文中要感叹："岭南人才最盛之处，前代首称曲江，在今世则皆以为无逾东莞者。盖入皇朝以来，逾百年于兹，领海人士，列官中朝长贰台省者，无几何人，而东莞一邑，独居其多。"

因此，东莞并非一些人所说的"文化沙漠"，而是人们没有意识到历史面纱掩饰下不断继承和成长的"绿洲"。在精彩纷呈的历史和现实面前，或许因为在经济与人文之间增量的侧重太过明显，议论一直存在。东莞在这一方面，继续广东那种讷于言而敏于行的姿态，做了再说。以至于在过往的历史变迁中，曾经"得风气之先"的东莞，涌现出的是人们对它的陌生和惊异，乃至种种争议。所以，解读和阐析东莞背后的人文根脉，需要有一种"发现"的精神和素养，需要挖掘隐藏在堆积如山的典籍及器物中的历史精髓。对于文物工作者而言，责无旁贷。

东莞市博物馆的前身是创建于1929年的东莞博物图书馆，与有着80年历史的老馆——广州博物馆同为我国早期创建的博物馆。作为东莞市唯一的综合性博物馆，担负着当地文物收藏、保护、研究、宣传和教育职能，是博物馆之城建设中藏品托管与保护基地。80年也许并不算长，但在这段时间里，通过历年的考古发掘和文物征集，东莞市博物馆积累了较丰富的馆藏文物，其中不乏精品。更重要的是，这些珍贵的文物，大多都是东莞文明与历史传统的见证物。

我们欣喜地看到，东莞市博物馆以馆藏文物为依托，结合研究课题，编辑出版《东莞市博物馆丛书》。这套丛书，旨在记录千年莞邑的发展历史，挖掘她不为人所熟知的人文魅力，让东莞的现代文明在这份底蕴深厚的文化遗产的孕育下，焕发出勃勃生机。

　　编辑《丛书》是一项以弘扬东莞传统历史文化为宗旨的长期的文化建设工程。东莞市博物馆在深入研究的基础上，拟推出"馆藏系列"、"地方史论"、"考古研究"、"陈列展示"等类别。从2008年开始，"馆藏系列"将陆续推出"碑刻"、"玉器"、"陶瓷"等专集。《丛书》以学术性、资料性和可读性相结合为特色，兼顾地方特点，体例科学，方法创新，文质兼美。同时，也希望《丛书》的出版能够在全省的文物工作中起到一定的引领推动作用。

　　历史的背影虽然已经远去，但其气息并未消散。我们希望《东莞市博物馆丛书》能够依稀勾勒出这座城市的历史轮廓，能够轻轻地提醒人们放慢脚步，去了解自己所在的城市，同时也能穿过浮华的表象，感悟她厚重的历史文化底蕴。

广东省文物局局长　苏桂芳

先秦
东江三角洲
陶器研究

Pottery Research of Pre-Qin Dynasty
of the Dongjiang River Delta

在当今的中国博物馆界，有许多人是学习考古学出身的，如何将所学与所用高效结合，做到学有所用，是尚未很好解决的问题。本书的作者毕业于吉林大学考古专业，受到过规范的考古学训练；毕业后长期在广东省博物馆界工作，有着丰富的实践经验，他将所学的考古学知识成功地与本职工作挂钩，奉献给考古学界和博物馆界一部既具有学术价值又富含启迪意义的著作《先秦东江三角洲陶器研究》（下文简称《陶器》）。

陶器作为最常见的考古遗存，因其学术价值高，往往为中国考古学人视为首选的研究对象，在先秦考古学研究当中尤其如此，经过近一个世纪的大量实践，业已总结出成熟的方法。陶器在中国的文物学研究中，由于其艺术价值不如青铜器、瓷器和书画等高，因而往往为研究者所忽视，也缺乏相关研究方法。运用考古类型学的方法，对东江流域先秦时期陶器做文物学的研究，是《陶器》一书的成功尝试，也是本书的最大特色。全书的研究主要是构建在深圳咸头岭、东莞村头、博罗横岭山三处经过正式发掘并有考古报告发表的遗址材料基础之上的，作者依据考古年代学研究的成果，将本书的主体布局按早晚设计成前几何印纹陶时期(距今7000~5000年)、早期几何印纹陶时期(距今5000年~商代晚期)、中期几何印纹陶时期(西周—春秋)、晚期几何印纹陶时期（战国）等四章，每一章中再以陶器概述、陶器工艺、陶器使用为节，既表现出作者扎实的考古学功力，又充分体现出考古学研究的特色。其中尤以陶器工艺节中的陶器的质地、器形、纹饰、制法方面的研究最为纯正。而以陶器工艺，陶器的成型、装饰、修整，陶器的烧制工艺等冠书、节、目，则具有浓郁的文物学研究特色，读者不难从阅读中领悟。

守望与拓展

为《先秦东江三角洲陶器研究》序

许永杰

此外，《陶器》还体现了以下几个特点。

一是地理单元的取样具有新意。《陶器》将"先秦岭南"的地理概念界定为：广西兴安县经过桂林、柳州、南宁至北部湾顶端一线以东的广西东部地区，以及南岭山脉以南的广东全境地区，这与以往的研究是有所区别的。关于岭南的地理界定，研究岭南文化与岭南史的学者，或简化为两广，或把海南岛也划归其间，还有提出"珠江文化"的。而《陶器》的界定，既综合考察了南岭山脉以南地区的地貌界带、土壤界带和植被界带的基本情况，又充分考虑到在先秦比较低下的生产力水平情况下，这些地理因子对"岭南文化"的生成和积淀的影响作用。因此，从"人地关系"的视角核准《陶器》一书的地理概念，是有启发意义的——先秦时期考古学文化的分区需综合自然地理的指标、行政区划的沿革和考古学文化的面貌。岭南地区有许多下位的地理单元，就水系而言存在着珠江和梅江-韩江两大水系。每一水系的中游和三角洲地区地理环境又大不一样的。例如珠江水系，从北向南可划分为南岭山脉南麓地区、珠江三角洲冲积平原地区、珠江三角洲网河平原围田地区、珠江三角洲网河平原沙田地区。与考古学文化相联系，由于这些地理单元之间，并不存在险要的地理屏障，文化很大程度上可以进行多边交往。在任何某一地理单元中，一定时间段里的诸多处具体遗存的谱系，以及同时异地或同地异时的遗存间的传承与传播关系，都是错综复杂的。在研究某一种遗存（例如陶器）、某一定时间段（例如先秦）中的情况，选择某一下位的地理单元里的文化遗存作为具体的研究对象就显得尤为重要了。《陶器》选择了东江三角洲。作者敏锐地意识到：珠江三角洲地区具有较其他地区更为优越的自然地理条件，最终形成了先秦岭南文化的中心区域，而其中的东江三角洲具备诸如深圳咸头岭、东莞村头、博罗横岭山和银岗遗存这些堪为丰富的、时间上前沿后续的原始考古资料可供利用。尤其是，这些资料中还积累了对陶器所进行的物理化学测试，以及分析其测试数据而形成的较为丰富的研究成果。

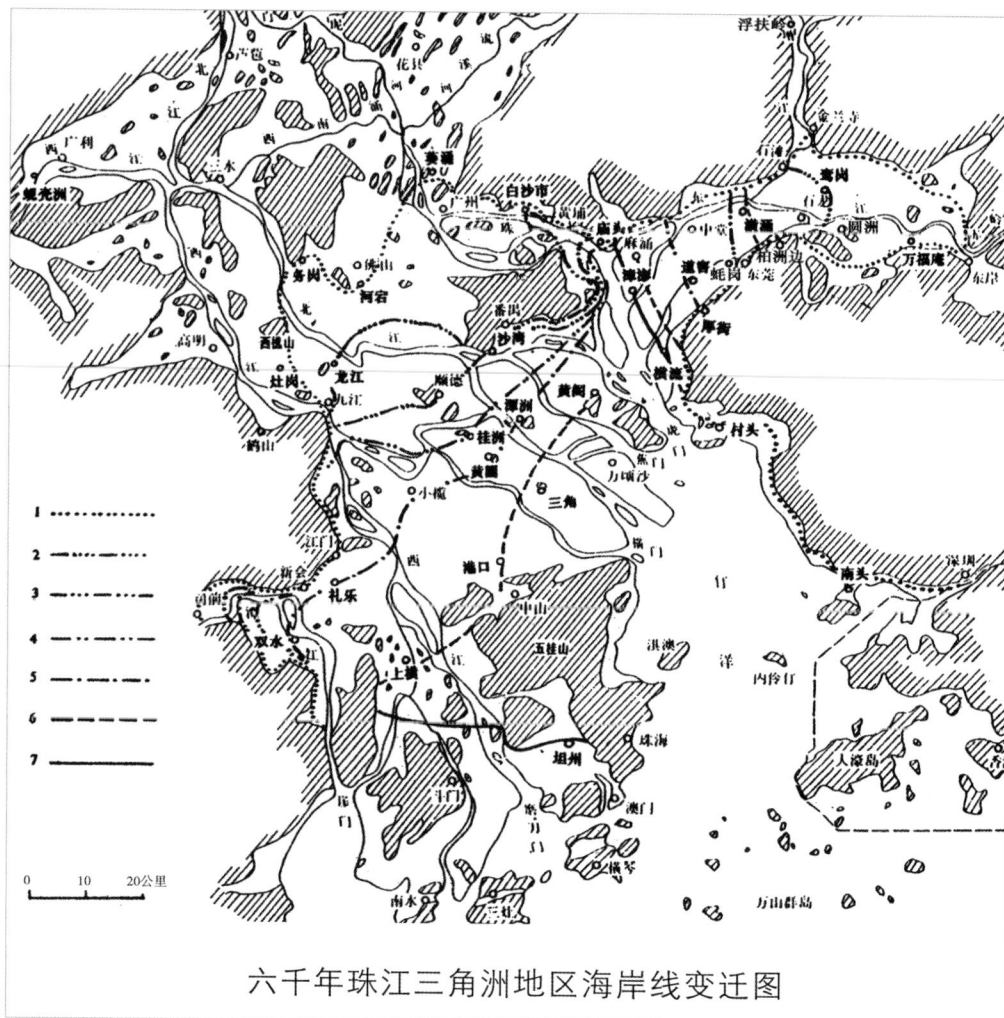

六千年珠江三角洲地区海岸线变迁图

　　二是把制陶工艺流程当作一个整体来考察。《陶器》为我们解答了某一时期的陶器产品是这样而非彼样的原因，例如在第四章中，根据科技考古研究者分析所测试标本的数据认为，梅花墩原始瓷器的窑工没有掌握除铁方法。但是，在所测试标本含铁量的平均值中，分别是：土样2.56%，原始瓷器成品1.78%，相差0.78个百分点，"没有掌握除铁方法"的结论便值得怀疑。然而，《陶器》分析了制陶的流程，令人信服地提出：文化层中的"土"与作为原料的"陶土"，不会在同一地点；文化层中土样的成分最有可能与成品中的成分出现偏差，而窑址附近和窑墙红烧土的成分更接近于成品。这样，所测试土样与原始瓷器的含铁量就接近了，进而可断定烧制梅花墩原始瓷器的窑工没有掌握除铁方法。同时也为在银岗第二期原始瓷器的销声匿迹，寻获了合理的解释：窑工们在逐渐认识原料中的含铁量与原始瓷器成品之间关系的过程中，有意识地选择了含铁量相对低的陶土为原料；然而这种原料是比较稀缺的，我们现在仅能在少数原始瓷器成品中能测试到。

三是结合人居环境分析陶器工艺。例如，在前几何印纹陶时期的较早阶段，出现了相当数量的白陶和黄白陶，而在较晚阶段，这样的陶器品种几乎绝迹。这种情况的出现，总会让人们产生这样的疑问：这些白陶和黄白陶是否外来的？或者某方面的制陶能力出现了倒退？《陶器》首先利用数据说明它们原料的组成成分特点是低铁高铝，这是烧成白陶和黄白陶的关键所在；接着分析咸头岭文化的研究成果进一步认为，咸头岭古人在"沙堤—潟湖生境"中谋生，其较早阶段主要利用海湾陆地资源，活动区域靠近山麓，而山麓的堆积是以变质岩为主体的陆相沉积，黏土中Al_2O_3的成分高，Fe_2O_3的成分低，于是便出现了相当数量的白陶和黄白陶；而后，由于"沙堤—潟湖生境"的不断演替，人们主要的活动区域转移到潟湖和浅海，潟湖沿岸则为湖海相沉积，陶土中的含铁量相对较高，是不可能烧制出白陶和黄白陶的。再如，为什么在早期几何印纹陶的较早阶段，夹砂陶器中出现了较高比例的"细砂陶"，随后比例逐渐下降以致消失呢？《陶器》一方面运用了历史地理学者的研究成果，说明当时人们所活动区域的地貌经历着深水域→浅水域→"浦田"→陆地的几个过程，陶土中的瘠性原料比例较高，但由于初始农业的发展，生活中大量地需要存储和端食用的泥质陶，迫使人们将瘠性原料含量较高的陶土淘洗得更细腻而成为考古工作者所界定的细砂陶。

四是将陶器的自然属性与社会属性结合研究。《陶器》所研究的内容，既包括诸如陶器的原料制备、成型、修整、装饰、制作陶窑、烧窑等陶器的"自然属性"，也涉及诸如陶器制作和使用各个环节中的所反映的社会生产力水平和社会观念等陶器的"社会属性"；这既不同于科技考古工作者，也区别于传统考古工作者的研究范围。例如，《陶器》以村头遗址的陶罐为研究对象，仔细分析了其成型和修整的具体细节，发现它们存在着折肩罐和圆肩罐两种基本形态，进而提出村头居民群至少有两种不同的审美时尚，其中一种崇尚苍劲和直线造型；另一种崇尚圆滑和弧线造型。进而推测村头聚落是由两个不同的人们共同体构成的。再例如，基于村头遗址圈足盘和豆类陶器的数量多、比例高，形制繁杂，以及结合其他文化遗存的材料认为，此类陶器中的部分也许与礼仪或某种原始宗教活动有关。

综合上举诸特点，可以看出《先秦东江三角洲陶器研究》是一部意在以考古学研究为基础，将研究范围扩展到吸收科学技术研究成果，将器物研究与地理环境、社会生活、社会生产相结合的著述。该书可以视为作者即守望考古学家园，又拓展文物学研究领域的结晶。前此，我曾以"发现与发明"为名为《历史选择中国模式》一书作序，"发现与发明"是一组近义词，但是放在中国考古学的语境中，其语义却有着天壤的不同。这里，我以"守望与拓展"为题为本书作序，虽选用了一组反义词，同样放在中国考古学的语境中，其语义却不宜简单视为对立。

目　　录

插 表 目 录

插表目录

第一章　前　言

一、岭　南

　　南岭山脉位于湘、赣南部和桂、粤北部，东连武夷山，西接云贵高原，东西绵延1000多公里，平均海拔1000米左右。由一系列北东—南西走向的山岭组成，其中以大庾、骑田、萌渚、都庞和越城五岭最为著名，故又称五岭。南岭山脉是长江与珠江水系的分水岭，是中国南亚热带与中亚热带天然分界线，也是南北生物分布的一条重要界线①。自此以南300多公里以及今广东境内的东南，便是浩瀚的南中国海，中间再无高山峻岭阻隔。所以相对于"中国"整个自然地理单元来说，"岭南"是一个下位的自然地理单元。

　　诚然，自然地理单元最显著的界线是地理屏障，如果宽泛地说，南岭山脉的以南地区即为"岭南"。但是，自然地理单元毕竟是由自然地理因子在一定层次上组合而成的地理环境整体；若综合考察南岭山脉以南地区的地貌界带、土壤界带、

① 《珠江志》编纂委员会：《珠江志》卷一，广东科技出版社，1991年，第148页。

植被界带，岭南这个自然地理单元的西"界带"，还必须根据下文分析而重新
划定①。

（一）南岭山脉以南的西部可分为四个地貌区②

1. 处于西江流域最西部的是云贵高原区

碳酸盐岩分布广泛，岩溶发育；河流阶地不发育。

2. 云贵高原与桂、粤中低山丘陵盆地间的过渡地带，乃黔桂高原斜坡区

这里山脉走向多变，也广布着碳酸盐岩，岩溶发育；河流阶地不发育。

3. 面积约占西江流域的 70%、位于高原斜坡区以东除珠江三角洲平原以外的高大地区，称为桂、粤中低山丘陵和盆地区

地貌特点是：总趋势周边高，中间低；区内山地丘陵混杂，以中低山及丘陵为
主，其余为盆地、谷地；该区河流众多水量充沛，河床纵剖面渐趋平缓，岸坡较平
缓稳定，阶地发育。

4. 珠江流域东南部是著名的珠江三角洲平原区

地貌较为简单，主要分为冲积平原及网河平原两大部分，平原上兀立着 160 多

---

① 以下将分析的地貌、土壤和植被等地理因子，其部分分布区域已经超出了"南岭以南"的
范围，但为了确认"岭南"这个自然地理单元的西部界带，我们以西江流域为轴，借之比
较进行分析。谨此说明。

② 《珠江志》编纂委员会：《珠江志》卷一，广东科技出版社，1991 年，第 152、153 页。

个由丘陵、台地和残丘组成的丘岛，地层为河海交互。

以研究先秦文化为视角考察上述地貌，云贵高原区和黔桂高原斜坡区，由于岩溶发育和河流阶地不发育，既不利于水上运输和河间渔捞，也不利于发展稻作农业，只适合于发展旱地农业；而桂、粤中低山丘陵和盆地区以及珠江三角洲平原区，则恰恰与之相反。可以说，无论是区域文化形成的初始阶段还是它的发展积淀阶段，上述两两合并的东、西两大区域文化必将呈现出截然不同的文化特征。参考文中附图得知，黔桂高原斜坡区的东界位广西柳州偏西一带（图 1-1）。

（二）南岭山脉以南西部的土壤[①]

按地带规律分布着红壤、砖红壤和砖红壤性红壤、黄壤、石灰土等。

1. 红壤一般呈红色和黄红色，但南岭山地主要为暗红壤

土壤结构一般良好，土层深厚，有明显的发生层次，呈酸性反应，有一定的保水性，其表层有机质含量 4～7%，表土呈灰棕色，肥力较高。主要分布于云贵高原海拔 600～800 米以下的河谷、盆地，广西北部山地、岩溶洼地及砂页岩低山丘陵和广东北部山地。

2. 砖红壤和砖红壤性红壤，呈红色至棕红色

土层深厚，剖面层次明显，土质黏重，透水性差，土温高，酸性大，肥力较低。分布于广西南部一带柳江的柳城县，郁江的横县以下及广东的西部和东南部，以及

---

① 《珠江志》编纂委员会：《珠江志》卷一，广东科技出版社，1991 年，第 104～168 页。

图 1-1　黔桂高原斜坡区地形图

横县以上郁江流域及桂南一带。

3. 黄壤呈黄色

一般海拔 600 ~ 800 米以上为黄壤分布区,如云贵高原和广西西北部 700 ~ 1200 米以上的山地。发生层次明显,有机质含量多,呈强酸性反应。

4. 山地草甸土

土层很薄,一般不超过 50 厘米,只分布于海拔 1500 米以上的山地。

5. 石灰土

这是发育于石灰岩上的一种岩成土壤,主要分布于云南、贵州的石灰岩地区,广西的桂林、柳州南宁、百色、河池等地区的石灰岩区域,广东的连县、英德等石灰岩山地;云浮和阳春等县也有少量分布。

6. 滨海盐土和滨海砂土

分布于沿海地带。前者以氯化物为主,一般呈中性;后者一般不具盐渍化特征,呈酸性,多为灰白色或黄色。

比较上述的土壤类型,第 1 种和第 2 种是最适合于发展农业生产的,如果它们含有相当的水分,则有利于发展稻作农业。我们注意到这两种土壤主要分布于西江和北江的中游河谷地区,而现代珠江三角洲乃淤积平原,其淤积物主要来自珠江的中游河谷,比较有利于发展稻作农业。因此,珠江中游河谷地区与珠江三角洲地区,其古代文化最有可能呈现出相似性特征。

（三）南岭山脉以南西部的植被[①]

1. 南北盘江流域上游的植被

主要类型为中亚热带的常绿栎类林和松林，林下植被有热带大叶型木本山玉兰等，也有一些温带种类。

2. 南、北盘江下游及红水河河谷丘陵地区的植被

可分为亚热带植被和热带性植被。亚热带植被以检皮栎、白栎为主的落叶栎林在中山地带占优势，云南松林分布于落叶栎林的下部或与之交错分布，在松林和栎林的缓冲地带分布有松栎混交林；灌木层多为南烛、毛杨梅、乌饭树、假木荷等；草本层则为五节芒、棕茅、石芒草等为主。该地区海拔800米以下为热带北缘雨林季雨林及南亚热带植被交错分布区，面积不大，其中仅在三面陡坡的沟谷底部出现有热带北缘沟谷雨林，多已遭破坏，代之以次生阳性树种。原始的热带季雨林已全部毁灭，代之而起的是广大的草坡，黄背草、扭黄茅等形成局部优势，覆盖率为70%～85%，低平地区则多臭根子草。

3. 西江中游广西盆地的植被

可分南北两部分，其分界线东起广西容县天堂山的南坡，往西经广西北流、玉林、横县、南宁，再过武鸣、右江盆地北缘而至百色西部边界。分界线以北属亚热带常绿阔叶林带，分界线以南属北热带常绿季雨林亚带。盆地北部的植被组成又分西半部和东半部。西半部以滇青岗、毛化香、短翅黄杞、红木荷等具有旱生特征植

---

① 《珠江志》编纂委员会：《珠江志》卷一，广东科技出版社，1991年，第169～172页。

物为主，西北角则分布有云南松。同时，西部地区的一些山岭，东坡降水量远比西坡多，植物也有差异，大明山东北坡有喜湿的竹柏、脉叶罗汉松等，西坡的武鸣一带喜湿树种则很少见。

盆地南部的原生植被是热带季雨林，多由常绿的热带树种组成。该地区内石灰岩丘陵的天然植被为蚬木林，其上层大树主要为蚬木、核实树、金丝李、肥牛树闭花木、木棉等珍贵硬材；灌木以越南剑叶木、滇木瓜等为主。砂页岩、花岗岩丘陵低山的天然植被为榄类林；灌木丛中以桃金娘、余甘子、大砂叶、黄牛木为多，局部地区还有热带典型植物坡柳。

4. 广东丘陵及珠江三角洲植被

在粤北地区，天然植被具有亚热带向热带过渡的性质，在植被的建群种和优势种中，60% 以上是热带科属，即以含有热带树种的常绿阔叶林为主。常绿阔叶林破坏后，取而代之的是针叶稀树群落。在亚热带季雨林中，热带和亚热带种类混生，乔木一般分两层，林下热带性灌木种类繁多，附生藤本也较发育。亚热带季雨林被破坏后的次生植被为针叶稀树群落。

河流沼泽植被有沉水植物、浮水植物和挺水植物。

在珠江河口地区背风地形泥质土壤中，分布有一些红树林，其组成为红树科植物。而在滨海沙质土中则多生长针叶、肉茎、有刺、耐盐的植物，在距海较远处生长露兜、仙人掌、刺篱木、酒饼勒、两面针等常绿刺灌丛。

仔细分析上述的植被分布得知：第 1 个最西北的南、北盘江流域上游植被区，是含有一些温带种类栎类林和松林为主的植被区。第 2 个南、北盘江下游及红水河河谷丘陵植被区，是松林分布于落叶栎林的下部或与之交错分布的植被区——虽然也存在热带北缘雨林季雨林及南亚热带植被，但面积不大，交错分布在海拔 800 米以下地带。也就是说，这两个植被区的植被基本上属于温带林类，与下面将涉及的南岭以南地区的植被存在着较大差异。

在第3个西江中游广西盆地的植被区中，由于珠江干流之一的西江由西向东展布，而江北岸地势较高而略为陡峭，江南岸地势低缓，造成了江北岸与江南岸的气候差异，最后导致其植被呈现南、北分界；另一方面，在其北区的西部，大致以大明山为界，"东坡降水量远比西坡多，植物也有差异，大明山东北坡有喜湿的竹柏、脉叶罗汉松等，西坡的武鸣一带喜湿树种则很少见。"可以推断，广西南宁至武鸣偏东一线是该植被区细分为东、西植被区的界带（图1-2）。

图1-2 大明山及左近地形图

在第 4 个广东丘陵及珠江三角洲植被中，由于珠江干流之一的北江是由北向南流布的，虽然江西岸地势较高而陡峭，江东岸地势低缓，会造成两岸气候的差异，但因为南北通道的畅通，导致其植被只是呈现出从北向南渐次过渡的特征；同时，因为由西江、北江和东江汇合而成的珠江流布的特殊性，又造成了它在南岭以南的流域地区形成纵向的四个自然地理单元：南岭低山丘陵地带、珠江三角洲冲积平原、珠江三角洲网河平原北部和珠江三角洲网河平原南部①。因此它们的植被区类型过渡也就与水文和地貌地理因子相对应了。即南岭低山丘陵地带以含有热带树种的常绿阔叶林为主；珠江三角洲冲积平原为热带和亚热带种类混生林；珠江三角洲网河平原北部分布有沉水植物、浮水植物和挺水植物；珠江三角洲网河平原南部则分布有一些红树林，或针叶、肉茎、有刺、耐盐的植物，以及露兜、仙人掌、刺篱木、酒饼勒、两面针等常绿刺灌丛。

综上所述：东西绵延 1000 多公里，平均海拔约 1000 米的南岭山脉，是一道天然的地理屏障；这道地理屏障既是中国南亚热带与中亚热带，又是南北生物分布的天然分界线。因此首先确定南岭以南与南岭以北的地理环境是截然不同的。然而从南岭最西的越城岭南麓的广西兴安到桂林一带，往西南至柳州偏西一带，再往西南到南宁偏东一带，一直至北部湾顶端的中越边境，又存在一条北东—南西走向的地理界带，界带以东的地貌、土壤和植被大同小异，具有一定的共性，而与界带以西者差异较大。

有学者在分析先秦岭南文化的形成和发展时，将人们有效地适应环境简化为人地关系、人时关系、人人关系。

人地关系：人与地理环境（包括地理位置和自然环境）的关系。这是从文化产生的角度来考察，也是文化的本底。文化有累积，但最初的累积是人们对自然环境有效适应的累积。

---

① 《珠江志》编纂委员会：《珠江志》卷一，广东科技出版社，1991 年，第 134 页。

人时关系：文化是随时而变的。时间的尺度是生产力水平和自然环境之间的阶段性关系。这种关系的阶段性变化一是会使文化创造者的规模扩大或缩小，二是会使这个文化发生结构性的变化。

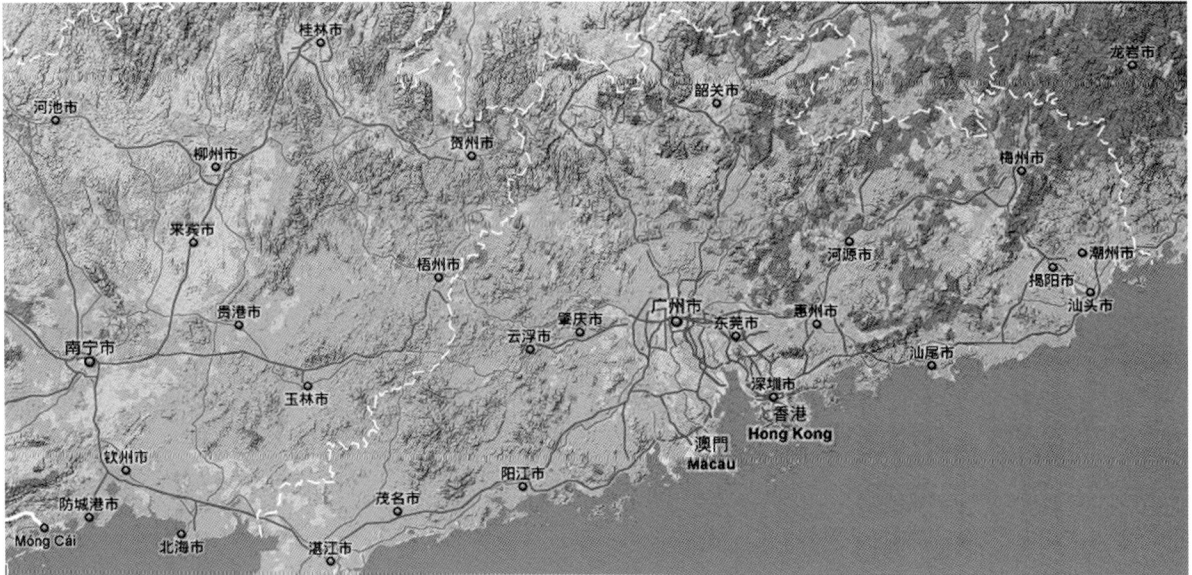

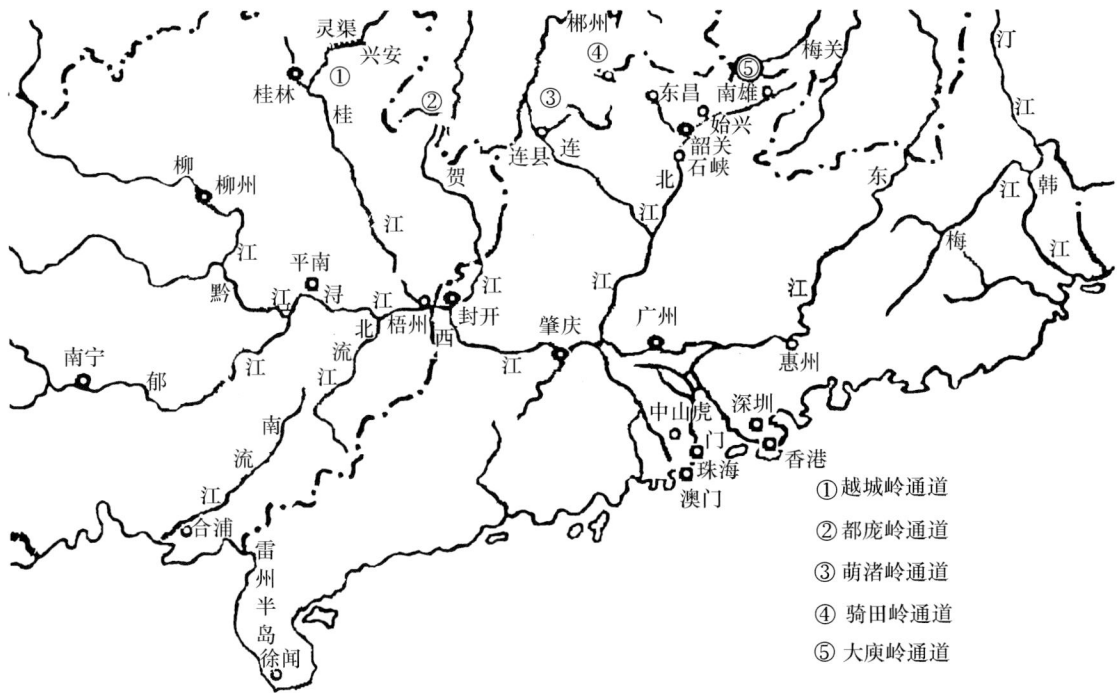

图 1-3　先秦岭南区域地形图

人人关系：专指这个文化的创造者与其他文化的创造者的关系。当某一文化日臻成熟而相对稳定时，便形成具有一定文化传统的"传统文化"。"传统文化"当然也敏感于地和人的变化，但更敏感于对其他文化的文化因素的吸纳或排斥。先秦岭南文化历经了海洋文化→渔猎文化→初始农业文化→农业文化，最后形成了她的海洋性（江河性）、协调性、开放性、灵活性的品格①。我们完全赞同这种从实际出发的理论分析。尤其是所提出的，先秦时期的岭南文化，属于发生和累积阶段的区域文化，地理环境乃其本底。

因此，从自然地理学的角度考察，广西兴安县经过桂林、柳州、南宁至北部湾顶端一线以东的广西东部地区，以及南岭山脉以南的广东全境地区，是先秦岭南文化的空间范围，也是本书岭南的地理概念（图1-3）。

二、岭南的两大水系

在岭南地区分布着珠江水系和韩江水系（广东也习称梅江—韩江水系）两大水系。

（一）韩江水系

韩江位于岭南东北部，是广东省的第二大河。上游乃源于福建省长汀县北的武夷山东南麓的汀江，和源于广东省紫金县白山嶂的梅江，在广东省大埔县三河坝汇合组成。自此至河口称韩江，三河坝下至广东省潮州为中游，潮州以下至汕头市附

---

① 赵善德：《广东先秦文化与秦汉文化的比较研究》，《岭南文史》2001年2期。

近注入南海为下游，全长约 325 公里。流域面积 3.43 万平方公里，广东约占 70%，福建占 30%。韩江上游的梅江长 180 公里，汀江长 260 公里，河道狭窄，曲折多滩，比降大，不利航行；中游水势增大，流量丰富；下游比降缓和，分叉如网，水运便利。韩江三角洲以潮州为顶点，以每年约 10 米的速度向前推进，面积约 1200 平方公里①。

（二）珠 江 水 系

1. 西江、北江和东江②

珠江水系由西江以及北江、东江和珠江三角洲诸河组成。全长 2214 公里，流域面积 453690 平方公里。

西江是珠江水系的主干河流，发源于云南省曲靖市区西南 60 多公里的马雄山东麓的双层石灰岩“水洞”，洞水至贵州省蔗香双江口南盘江汇合北盘江后称为红水河，至广西象州三江口与柳江汇合后称黔江。黔江流至广西桂平汇合郁江后称浔江。浔江至梧州市与桂江汇合后始称西江。河段划分以南盘江至红水河为上游，黔江至浔江为中游，西江为下游。西江水系共有一级支流 114 条，其中集水面积 10000 平方公里以上的 5 条，1000 ~ 10000 平方公里的 23 条，100 ~ 1000 平方公里的 86 条。

北江干流发源于江西信丰县石碣大茅山，流经粤北在三水市思贤滘与西江相汇，部分水流经思贤滘向西汇入西江并入注珠江三角洲，另一部分水流向东入注珠江三角洲。从源头至韶关市沙洲尾为上游，从沙洲尾至清远飞来峡为中游，飞来峡至三水市思贤滘北滘口为下游。北江有一级支流 30 条，其中连江集水面积 10061 平方公

---

① 以上资料来自《辞海》相关条目。

② 《珠江志》编纂委员会：《珠江志》卷一，广东科技出版社，1991 年，第 104 ~ 129 页。

里，1000～10000 平方公里的 8 条，100～1000 平方公里的 21 条。

东江发源于江西寻乌县的桠髻钵，从源头至龙川合河坝以上干流称寻乌水，合河坝以下始称东江。干流流经广东龙川、河源、紫金、惠阳、博罗、东莞等县市，在东莞石龙镇流入珠江三角洲。东江水系一级支流 27 条，集水面积 1000 平方公里的 7 条，主要有贝岭河（亦称安远水）、新丰江、西枝江等，100-1000 平方公里的 18 条。

2. 珠江三角洲

珠江三角洲包括西、北江三角洲和东江三角洲。前者是以今三水市的思贤窖、新会市的崖门、珠江口虎门为顶点的三角洲地区；后者是以东莞市石龙、广州市黄埔、珠江口虎门为顶点的三角洲地区①；这是狭义的珠江三角洲。本书使用的是广义珠江三角洲的概念，它西起肇庆，东至惠州，北起清远，南到海边，主体面积约 1.1 万平方公里②。现代珠江三角洲平原是由多条直接入海的河流所形成的、大小三角洲相互穿插相互联结而成的、形状不规则的复合三角洲③。可将它区分为北部的冲积平原和南部的网河平原两部分。冲积平原约占三角洲总面积的 80%，自西向东有高要平原、四会平原、清远平原、广花平原和惠阳平原。又依成陆和围垦先后，将网河平原分为围田区（即网河平原北部）和沙田区（即网河平原南部）④。珠江三角洲平原的这种不同于其他江河三角洲平原的"网河"地貌，源于珠江水系各河径流汇集（或分支）于三角洲后，是通过 8 条水道注入南海的：其中，西、北江在思贤窖汇合

---

① 《珠江志》编纂委员会：《珠江志》卷一，广东科技出版社，1991 年，第 133、134 页。

② 任美锷、包浩生主编：《中国自然区域及开发整治》，科学出版社，1992 年；广东地质地矿局：《广东省区域地质志》，地质出版社，1988 年；陈正祥：《广东地志》，天地图书有限公司，1978 年。

③ 司徒尚纪：《珠江传》，河北大学出版社，2001 年，第 5 页。

④ 《珠江志》编纂委员会：《珠江志》卷一，广东科技出版社，1991 年，第 136～150 页。

后即进入网河区，这里有崖门、虎跳门和磨刀门由北向南注入珠江口，有横门、洪奇门（沥）和蕉门由西北向东南注入伶仃洋；东江自石龙分支出东江北干流与东江南支流，即进入网河区，但这 2 条河道均纵向流入狮子洋经虎门出海。因而，西、北江三角洲的"网河特征"远比东江三角洲的显著，并且面积较之为大。

现代珠江三角洲之地域，在最后冰期时为大陆架平原，但已具有深切的河谷系统。冰后期海水倒灌，至大西洋期时（距今 7500～6000 年间）海平面约高出现代的 1 米，使它变为三角形海湾，顶端地区为古河口，其间山丘变成岛屿。稍后，海平面基本稳定在现代的水平上，现代珠江三角洲平原才逐渐地、自北而南地、镶嵌式地形成①。

珠江三角洲的多水诣入海和它的独特形成过程，使其平原的形成经历了：深水域→浅水域→"浦田"②→河流交错的陆地的几个过程。在大约 6000 年的时间里，围田区（即网河平原北部）经过比较漫长的浅水域→"浦田"的过程，才逐渐形成河流交错的陆地；但在冲积平原，这个过程却较为短暂，淤积向前推进，形成过程与一般的江河三角洲相同。镶嵌式地形成，主要是指现在的沙田区（即网河平原南部），在最后冰期和冰后期的海平面变化、南中国海的风流方向和沿岸流方向、地球自转力的共同作用，使该区的一些海湾或岛屿间，在距今 6000 年前后，形成了一些海湾沙丘或连岛砂坝或沙堤—泻湖体系的过程③。

借助图 1-3 与上述文字比较岭南的两大水系得知：其一，珠江源远流长，流域面积大，自身发展空间广阔；韩江短促，流域面积小，自身发展空间受制约；其二，

---

① 《珠江志》编纂委员会：《珠江志》卷一，广东科技出版社，1991 年第 134 页；李平日等：《珠江三角洲一万年来环境演变》，海洋出版社，1991 年，第 65 页。

② 这样的地方珠江三角洲人称为浦田：雨季或降水量特多的一些年份为水域，反之为泥沼地。

③ 黄镇国等：《珠江三角洲形成、发育、演变》，《珠海考古发现与研究》，科普出版社广东分社，1982 年。

珠江居于岭南之中，辐辏通衢；韩江偏于东北一隅，与外界联系通道有限。其三，珠江诸河段自然资源丰富而多样，三角洲的形成较早且过程独特，有利于远古人类从采集狩猎文化→渔猎文化→初始农业文化→农业文化历程的推进，以及特色文化的形成；韩江三角洲形成较晚，先秦时期仅可利用中游单纯的山地资源，文化发展的历程简单而艰难。总之，若冀利用考古资料研究先秦岭南文化的历程，首先必须把精力集中在珠江流域，尤其是珠江三角洲（图1-4）。

三、东江三角洲

综观岭南远古人类文化的发展历程，基本是在采集狩猎文化→渔猎文化→初始农业文化→农业文化轨迹上推进的。鉴于此，如果希望利用考古学的理论和方法来研究其历史，首先必须借助地理学的知识，寻找最适合于创造上述文化的地理环境的地方，然后有意识地在这些地方进行考古调查和发掘，最后对所获考古资料进行梳理和分析。整理迄今所获的先秦岭南考古资料我们发现，在旧石器时代晚期和新石器时代早期，西、北江流域的南岭南麓熔岩地区，材料比较丰富；至新石器时代中晚期，珠江三角洲网河平原始资料丰富；到了中国历史的商周时期，珠江三角洲冲积平原最为丰富而典型。这基本上吻合上文运用地理学分析结果。因此，研究先秦岭南历史，重点在于梳理和分析上述三个地方的考古资料。

然而，本书主要着手研究人工制品中的陶器，而早期文化遗存中或没有陶器，或资料过于单薄，故一般不涉及南岭南麓熔岩地区的考古资料。同时，在西江、北江和东江诸三角洲中，东江三角洲，尤其是冲积平原的考古资料最为丰富和典型，并结合本人工作涉猎内容及研究方向，因此本书将重点研究和梳理东江三角洲的陶器。

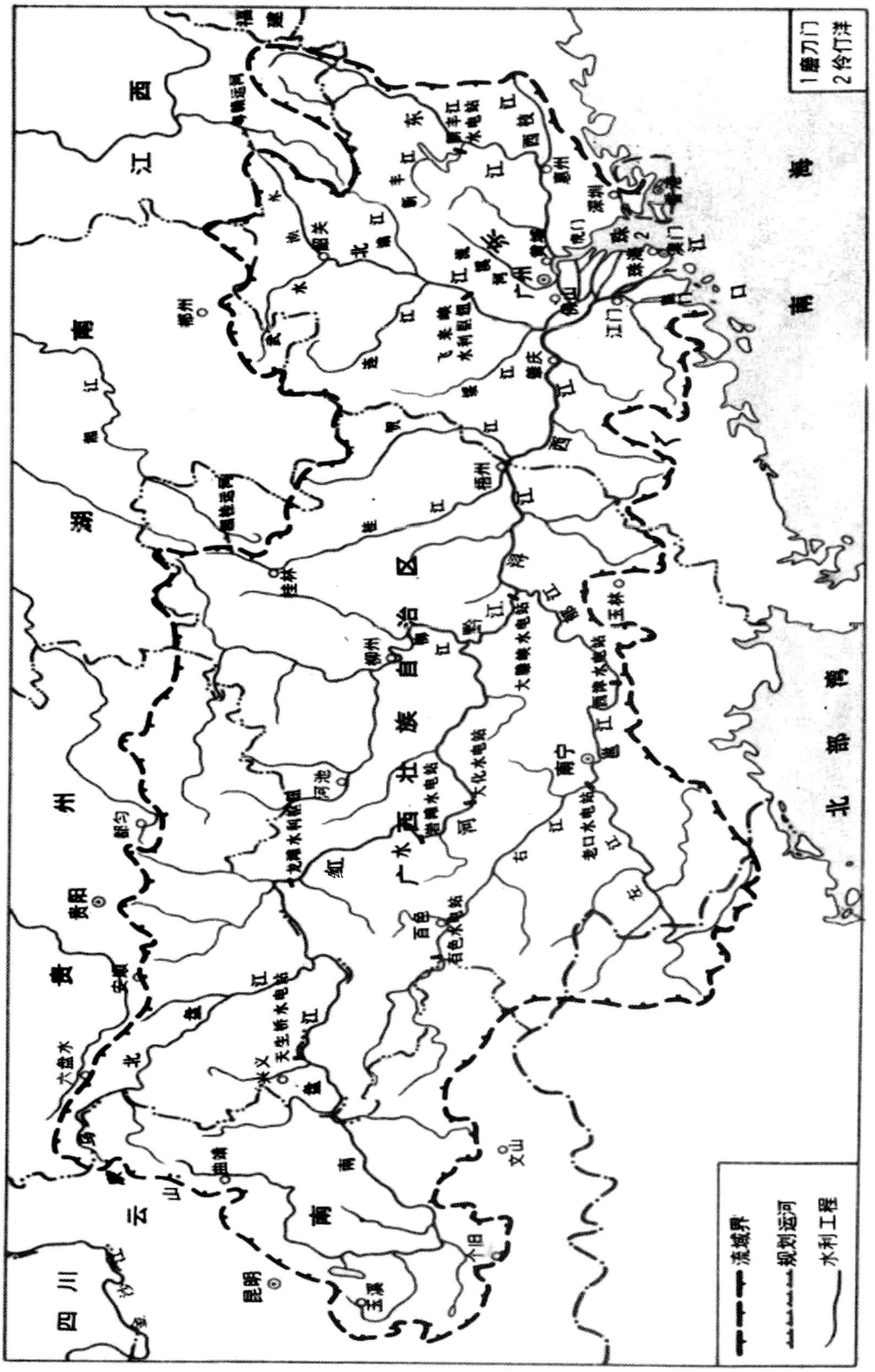
四川
云南
贵州
湖南
江西
福建
广西壮族自治区
南海
北部湾
昆明
贵阳
南宁
柳州
桂林
梧州
广州
肇庆
韶关
惠州
深圳
香港
澳门
江门
百色
河池
都匀
安顺
六盘水
曲靖
文山
个旧
玉溪
玉林
郴州
1磨刀门
2伶仃洋
流域界
规划运河
水利工程

图1-4　珠江三角洲简图

对于东江三角洲必须略加说明。上面引文中曾提到，"东江干流流经广东省龙川、河源、紫金、惠阳、博罗、东莞等县市，在东莞石龙镇流入珠江三角洲"①，没有把广州增城市和深圳市列入其中，那是因为东江干流确实没有流经以上二市。然而，《珠江志》是这样记述增江的："增江发源于龙门县七星岭，其上游蓝田水（西林河）与铁岗河在下村附近汇合后向东流至龙门县城后称龙门河，此后与白河水相汇于水西附近，折向西南迂回曲折地流经龙华、香溪、麻榨、正果等地，此后称增江，至增城县大楼山纳派潭河，向东流经增城县城，最后在新加埔流入东江北干流，全长203公里，集水面积3114平方公里，平均坡降0.74‰，其主要支流有蓝田水、铁岗河、白沙水、水坑河（葛布水）、永汉河（南昆水）、派潭河等。"②

东江还有一条重要的支流西枝江，"西枝江发源于惠东县竹坳，向西南方向贯穿惠东县，入惠阳县，纳安墩水于曹尾，汇合淡水于麻仔坳，然后折向西北流至惠州市汇入东江干流。……全长190公里，集水面积4103平方公里，平均坡降0.6‰，主要支流有宝溪水、小沥河、左华水（又名杨梅水、曲债水）、安墩水、楼下水、上砾水、白花水、梁化水、淡水等。其中淡水（引者注：在深圳境内称为龙岗河）最大，发源于宝安县梧桐山，河长95公里，集水面积1308平方公里。"③ 也就是说，东江最大的一条支流西枝江的支流淡水几乎流经深圳市全境。另外，深圳注入东江的还有河长37公里的深圳河与48公里的茅洲河，它们的集水面积分别是312平方公里与371平方公里④。

因此东江三角洲除了上述提及的市县之外，还应该加上增城市、深圳市和香港特别行政区。

---

① 《珠江志》编纂委员会：《珠江志》卷一，广东科技出版社，1991年版，第129页。
② 《珠江志》编纂委员会：《珠江志》卷一，广东科技出版社，1991年，第139页。
③ 《珠江志》编纂委员会：《珠江志》卷一，广东科技出版社，1991年，第132页。
④ 《珠江志》编纂委员会：《珠江志》卷一，广东科技出版社，1991年，第137表1-6。

四、东江三角洲陶器研究的时段划分

综观先秦岭南的考古资料，东江三角洲的文化遗存最为丰富和典型。在年代系列方面，这里有探讨珠江三角洲距今7000～5000年间的考古遗存年代和分期的原始资料和研究成果，其核心资料是深圳市咸头岭遗存，其中发现目前所知珠江三角洲地区有准确测年的最早的陶器遗存①。稍晚的，有以东莞市村头遗存为典型的早期几何印纹陶遗存。两周时期者，有著名的博罗横岭山遗存和最近正在发掘的增城市浮扶遗存等。在资料的建设方面，咸头岭、村头和横岭山遗存的发掘报告均已出版，而且这三部发掘报告的编写人均邀请了专门研究陶瓷器的科技考古学者，对其中典型的陶瓷器进行专门研究。

几何印纹陶是探索先秦岭南考古学诸问题和复原历史的"钥匙"②，我们对先秦岭南"几何印纹陶文化"的发展过程大致认识：几何印纹陶大致发生于距今5000年或稍早（关于岭南几何印纹陶的发生问题，容另文探讨）。从发生至西周早、中期之际为早期：初见不规整的曲折纹、贝齿纹和叶脉纹等；随后逐渐流行以圆圈、折线和直线封闭图形为元素的纹样，如曲折、贝齿、叶脉、席纹、圆点、旋涡、方格、菱格和云雷等花纹；并且往往有二、三种纹样组合出现在一件陶器上。大约从西周早期至春秋晚期、战国之际为中期：上述的纹样衰落，流行以曲线为元素组成类似

---

① 这里提及的资料文献，将在本书以下数章中详论，资料出处届时再一一详列。

② "印纹陶作为一种考古学文化不妥，但作为一种重要文化特征因素，存在于中国东南几省，从新石器时代一直到秦汉时期却是事实。可以把它作为一把'钥匙'，帮助我们打通探索中国这一重要地区从原始社会到秦汉以前重要历史课题的大门。"（见苏秉琦：《中国文明起源新探》，香港商务印书馆，1997年，第73、74页）

于青铜器花纹上的"夔龙"纹样;夔龙本身以及夔龙之间、夔龙纹与其他纹样的组合,均变化繁复多样;流畅、生动、自由,代表了几何印纹的最优美形态;刻划有旋涡纹的原始瓷豆经常见到。战国时期为晚期:几何印纹被简化;纹样以一个方格为单位,简单的连接两条对角线,复杂的再连接两条中位线,即所谓的米字纹;旋纹和箆点纹也常见。

鉴于此,本书将按以下时段分章探讨东江三角洲的陶器。

前几何印纹陶时期,将探索距今 7000~5000 年间的陶器。

早期几何印纹陶时期,将探索距今约 5000 年至商代晚期的陶器。

中期几何印纹陶时期,将探索约西周和春秋时期的陶器。

晚期几何印纹陶时期,将探索战国时期的陶器。

第二章　前几何印纹陶时期的陶器

一、遗存概况

前几何印纹陶时期指的是岭南几何印纹陶发生之前的时期。珠江三角洲几何印纹陶在什么时候发生，还是一个尚待深入探讨的问题。目前发现其涉及 4 批重要的资料：石峡遗址[①]第一期和第二期遗存、香港涌浪遗存[②]、高明古椰遗存[③]、珠海宝镜湾遗存[④]，但其中只有宝镜湾的材料已经详细发表。报告撰写人将宝镜湾遗存分为三期，从所公布的材料看来，确实反映了几何印纹陶从无到有，从简单到复杂的变化趋势，但发掘报告把该遗址分为三期 5 段（1、2 段为第一期，3、4 段为第二期，5 段为第三期），并推断第一期的年代距今 4500～4300 年，第二期的年代距今 4200 年或稍后，第三期相当于中原地区的商时期。比较更多的相关遗存，一般认为报告对 1、2、3 段年代的推断可能偏晚，有待日后其他相关遗存的详细报告披露之后，

---

① 广东省博物馆：《广东曲江石峡墓葬发掘简报》，《文物》1978 年 7 期。

② 香港古物古迹办事处：《香港涌浪新石器时代遗址发掘简报》，《考古》1997 年 6 期。

③ 崔勇：《广东高明古椰贝丘遗址发掘取得重要成果》，《中国文物报》2007 年 1 月 12 日。

④ 广东省文物考古研究所等：《珠海宝镜湾——海岛型史前文化遗址发掘报告》，科学出版社，2004 年。

再结合进行研究。鉴于这个问题并非本书的关键。所以这里仅说：东江三角洲的几何印纹陶大致发生在距今 5000 年前后。往上溯，属于此前即前几何印纹陶时期的文化遗存较多。例如，深圳市咸头岭①、大黄沙②、小梅沙③和大梅沙④，东莞市蚝岗⑤和万福庵⑥，增城市金兰寺⑦，香港特别行政区春坎湾⑧、长沙栏⑨、蟹地湾⑩、

---

① 深圳市博物馆等：《深圳市大鹏咸头岭沙丘遗址发掘简报》，《文物》1990 年 11 期。深圳市文物考古鉴定所等：《广东深圳市咸头岭新石器时代遗址》，《考古》2007 年 7 期。深圳市文物考古鉴定所等：《深圳咸头岭——2006 年考古发掘报告》，文物出版社，2010 年。

② 深圳市博物馆等：《深圳市大黄沙沙丘遗址发掘简报》，《文物》1990 年 11 期。

③ 莫稚：《深圳市考古重要发现》，《文物》1982 年 7 期。杨耀林等：《深圳市先秦遗址调查与试掘》，《深圳考古发现与研究》，文物出版社，1994 年。

④ 深圳市博物馆：《广东深圳大梅沙遗址发掘简报》，《文物》1993 年 11 期。杨耀林等：《深圳市先秦遗址调查与试掘》，《深圳考古发现与研究》，文物出版社，1994 年。

⑤ 冯孟钦：《蚝岗遗址发掘的主要收获》，《东莞蚝岗遗址博物馆》，岭南美术出版社，2007 年。广东省文物考古研究所等：《东莞市南城区蚝岗遗址初步发掘简报》，《华南考古》2，文物出版社，2008 年。

⑥ 广东省博物馆等：《广东省东莞市三处贝丘遗址调查》，《考古》1991 年 3 期。广东省文物考古研究所：《东莞市万福庵贝丘遗址考古调查报告》，《广东文物》2003 年 1 期。莫稚等：《广东珠江三角洲贝丘遗址》，《南粤考古文集》，文物出版社，2003 年。

⑦ 莫稚：《广东考古调查发掘的新收获》，《考古》1961 年 12 期。莫稚等：《广东珠江三角洲贝丘遗址》，《南粤考古文集》，文物出版社，2003 年。

⑧ William Meacham, Archaeological Investigations on Chek Lap Kok Island, Journal Monograph IV, Hong Kong Archaeological Society, 1994。

⑨ 区家发：《大屿山长沙栏考古调查试掘报告》，《粤港考古与发现》，三联书店（香港）有限公司，2004 年。

⑩ Bernard Williams, Hai Dei Wan, Journal of the Hong Kong Archaeological Society, Volume VIII, 1979。

丫洲①、沙下②、涌浪③、龙鼓洲④、深湾⑤、虎地⑥、沙头角新村⑦、东湾仔北⑧、长洲西湾⑨、过路湾上区⑩和东湾⑪等文化遗存。

　　李海荣和刘均雄两位先生，精心研究了咸头岭及其相关的文化遗存，并根据咸头岭遗址 2006 年发掘的精确的地层关系和权威的碳-14 测年数据，将这批文化遗存分为两大群，一大群的年代为距今 7000～6000 年间，属于咸头岭文化的部分，其另

---

① 香港中文大学中国考古艺术研究中心等：《香港吐露港丫洲的考古收获》，《东南考古研究》第三辑，厦门大学出版社，2003 年。

② 康乐及文化事务署古物古迹办事处编制：《香港的远古文化——西贡沙下考古发现》，2005 年。

③ 香港古物古迹办事处：《香港涌浪新石器时代遗址发掘简报》，《考古》1997 年 6 期。

④ 区家发：《龙鼓洲遗址调查报告》，《香港考古学会会刊》第十五卷，2002 年。区家发：《龙鼓洲遗址抢救发掘简报》，《粤港考古与发现》，三联书店（香港）有限公司，2004 年。

⑤ 秦维廉：《南丫岛深湾——考古遗址调查报告》，香港考古学会专刊第三本，1978 年。

⑥ William Meacham, Archaeological Investigations on Chek Lap Kok Island, Journal Monograph Ⅳ, Hong Kong Archaeological Society, 1994。

⑦ 莫稚：《香港沙头角新村遗址考古发掘报告》，《香港考古学会会刊》第十五卷，2002 年。

⑧ 香港古物古迹办事处等：《香港马湾岛东湾仔北史前遗址发掘简报》，《考古》1999 年 6 期。

⑨ Willam Meacham, Sai Wan, Journal of the Hong Kong Archaeological Society, Volume Ⅶ, 1976—1978; Sally Rodwell and Paul Wellings, A Report of the Excavation at Sai Wan, Cheung Chau, Journal of the Hong Kong Archaeological Society, Volume Ⅻ, 1986—1988。

⑩ William Meacham, Archaeological Investigations on Chek Lap Kok Island, Journal Monograph Ⅳ, Hong Kong Archaeological Society, 1994. 。

⑪ 区家发等：《香港大屿山东湾新石器时代沙丘遗址发掘简报》，《纪念马坝人化石发现三十周年文集》，文物出版社，1988 年。区家发等：《香港石壁东湾新石器时代遗址——1987、1988 年两次发掘综合报告》，Journal of the Hong Kong Archaeological Society, Volume Ⅻ, 1986—1988。

一大群的年代在 6000～5000 年间①，权称为后咸头岭文化遗存。我们依据他们的研究成果将上述文化遗存合并入表 2-1。

表 2-1　东江三角洲前几何印纹陶时期文化遗存年代与分期一览表

文化遗存分期	距今（年）	所含文化遗存
咸头岭文化第一期	7000～6400	咸头岭第一期、麒麟山庄果场、龙鼓洲、盐田港东山、万福庵、深湾村东谷
咸头岭文化第二期	6400～6200	咸头岭第二期、大黄沙、小梅沙、蚝岗第一和第二期、春坎湾、长沙栏、蟹地湾、大湾、丫洲、涌浪、龙鼓洲第四组、深湾 F 层第一组
咸头岭文化第三期	6200～6000	咸头岭第三期、大梅沙、蚝岗第三期、金兰寺
后咸头岭文化文化遗存早期	6000～5500	虎地、深湾 F 层第二组、东湾仔北第一期、沙头角新村中文化层 B 和 A 层、西湾
后咸头岭文化文化遗存晚期	5500～5000	路湾上区、东湾 L4 层、龙鼓洲 T2L3 层

二、陶器工艺研究

（一）陶　质

1. 夹砂陶器

陶器的基本原料是陶土。陶土就是黏土，属于塑性原料，具有可塑性②。夹砂陶器是陶胎中夹有大小不等砂粒的粗砂陶。在陶器发生的早期，由于远古先民对制陶

---

① 深圳市文物考古鉴定所等：《广东深圳市咸头岭新石器时代遗址》，《考古》2007 年 7 期。

② 可塑性是指黏土制备成的泥料受到外力作用时会发生形变，失去外力后仍然保持变化后的形状这一性能。

原料性能和使用功能的要求还没有充分的认识，没有把陶土中的沙粒淘洗得比较干净，所烧制出来的陶器，用我们今天的标准衡量，它们便是夹砂陶器。实际上，其中的沙粒并非远古先民有意识地"夹"进去的。这种陶器可权称为有砂陶器。另一种情况是：远古先民已经认识到，在陶土中加入适当的沙粒，并不影响陶胎的成型和陶器的烧成，若把夹砂陶器作为日常生活中的炊煮器，反而能够提高它的受热性能，在炊煮时受热快，节省燃料和时间，在停止加热时散热快，不太容易破裂。这种陶器方可称为夹砂陶器。因而，夹砂陶器的原料应有陶土和羼和料两种；羼和料属于瘠性①原料。与夹砂陶器相对应的是泥质陶器，也就是以淘洗的比较精细的陶土为原料的陶器，它们受热性能差，正常情况下不可用来当做炊煮器。

咸头岭文化发现了目前所知珠江三角洲地区有准确测年的最早陶器。表 2-2 汇集了该遗址 5 次发掘的零散资料绘制而成，力图有个总体的认识。其中，夹砂陶器占 64.9%（其中第三期的竟占该期总陶器的 91.6%），泥质陶器占 35.1%。可见，夹砂陶器的比例颇高。

表 2-2　咸头岭遗址陶质陶色统计表　　　　　　（单位:%）

陶质 比例 时段	夹砂陶	泥质陶	泥质陶陶色			
			白陶	黄白陶	黑陶	红褐陶
第一期 1 段	53.6	46.4	16.5	26.8	3.1	
第一期 2 段	55.9	44.1	12.3	29.8	2.0	
第一期 3 段	59.4	40.6	10.3	28.5	1.8	
第二期 4 段	63.4	36.6	4.2			34.2
第三期 5 段	91.6	8.4	2.4			6.0
平均比例	64.9	35.1				

---

① 　指在陶器原料中与水混合后没有黏性而起到瘠化作用的物料，如石英、长石等，它们还可以降低其可塑性配合料制成的陶坯在干燥和烧成时的收缩，起到骨架作用。

　　面对"早"和"高"，就有必要讨论它们是有砂陶器抑或夹砂陶器。夹砂陶器在器类上大多是用来做炊煮的釜，特别是第一期第 1 ~ 3 段，所有的夹砂陶器基本是釜和支脚，泥质陶器在器类上是盘、豆、罐、杯、钵等盛贮容器。这说明咸头岭先民已经意识到夹砂陶器和泥质陶器在受热等性能上的差异，并根据它们的这种差异而设计了不同的器形和功用。因此，这些夹砂陶器中的颗粒乃羼和料。此外补充证明的证据是：其一，遗存中存有包括制作工艺要求较高的白陶和施彩陶器等泥质盛贮容器，与这些夹砂陶器伴出。这本身就说明了人们对陶器的制作和使用已经有了相当的认识；对于具备了这种知识的陶工，却没有认识到在陶土中添加羼和料以改善陶器的受热性能而更为适用，是不可理解的。其二，为了更全面客观地认识先秦东江三角洲的陶器，得到各有关单位的鼎力支持，我们又另外采集咸头岭、圆洲、村头、横岭山和柏洲边诸遗址的陶器，邀请华南理工大学的科技考古研究者，对其进行物理化学测试，他们也认为：咸头岭 6 件标本，虽然结构疏松、粗糙、颗粒细小但均匀，属泥质陶[1]。

2. 泥质陶

　　表 2-2 泥质陶陶色部分，总体特点有三。其一，出现了相当数量的白陶和黄白陶，还有一定数量的黑陶，并且基本上在第一期出现，而越晚越少乃至消失；其二，红褐陶在第一期不见，第二期突然出现，而且比例颇高（34.2%）；其三，第三期的泥质陶比例相当低。

　　先关注白陶和黄白陶。白陶和黄白陶对原料的要求比一般陶器较为苛刻，在史前遗存中极为少见。洪江高庙文化最早一期遗存中发现了年代距今约 7800 年的精美白陶[2]；此外在大溪文化、仰韶文化晚期、甘肃仰韶文化半山类型、山东大汶口文

---

① 参见本书附录一。

② 贺刚：《湖南洪江高庙遗址考古发掘获重大发现》，《中国文物报》2006 年 1 月 6 日。

化、龙山文化等文化遗存中也有个别发现；商代为白陶发展的鼎盛时期，之后趋于衰落①。我们根据科技考古研究人员的研究成果制作表 2-3 和表 2-4②。比较可知，深圳咸头岭的白陶和黄白陶，呈白灰色者，Al_2O_3 的平均比例为 28.77%，一般陶器的为 27.20%，均远高于中国其他各地者。又比较表 2-3 与表 2-4 的 Fe_2O_3 比例，白陶和黄白陶为 2.82%，一般陶器为 3.95%，后者远高于前者。从化学原理上说，因为氧化铁显红褐色，所以一般陶器无法显现出白陶的灰白或白中泛黄的浅颜色。也就是说，低铁高铝是咸头岭白陶和黄白陶的关键所在。从制作陶器的工艺方面考虑，一种可能是，咸头岭先民选用同样的陶土烧制陶器，其中的白陶和黄白陶是因为他们意识到并能够掌握了有效的除铁方法而烧成，另一种可能是，他们在实践中体会到了某一地方的陶土，烧成的陶器呈白灰色，而其他地方的则出现红褐色，但并不辨明是 Fe_2O_3 在其中发生作用。出现哪一种可能的概率更大呢？在本书的第三章中，我们将会看到，时至春秋时期，横岭山硬陶陶器的烧成温度已达 1200℃，但先民尚未掌握有效的除铁方法，反证了早期陶器不可能运用这种方法。同时，咸头岭遗址所处的生态环境是由海湾陆地、泻湖和沙堤、沙堤外浅海三者有机组成的"潟堤-沙堤生境"。人们在早期，主要依赖和围绕海湾陆地谋生，随着时间的推移便转移到泻湖和浅海，采集黏土制作陶器也应当是由山麓逐渐转移至泻湖沿岸，山麓的堆积是以变质岩为主体的陆相沉积，泻湖沿岸则为湖海相沉积。相对而言，前者的含铁量要低于后者，所以在表 2-2 的泥质陶器一栏中可看到，早期灰白陶器的比例高于红褐陶器，晚期则相反。因此咸头岭遗址出产白陶和黄白陶，原因在于陶土的原料以及人们采集陶土的地方所致，而非其他。

---

① 谷飞：《白陶源流浅析》，《中原文物》1993 年 3 期。

② 请参阅深圳市文物考古鉴定所等：《深圳咸头岭/2006 年考古发掘报告》下篇附录二，文物出版社，2010 年。

表 2-3 深圳咸头岭白陶主次量化学组成 （单位:%）

样品编号	类别	Al_2O_3	SiO_2	Fe_2O_3	Na_2O	MgO	K_2O	CaO	TiO_2
1-6	彩陶（黄白胎）	23.97	67.06	2.39	0.53	1.05	2.90	0.30	0.81
2-4	彩陶（黄白胎）	22.35	69.03	3.18	0.38	1.11	1.12	0.67	1.16
3-4	彩陶（黄白胎）	24.93	68.57	1.88	0.08	0.09	1.89	0.77	0.79
3-5	彩陶（黄白胎）	22.57	70.68	1.55	0.45	0.45	1.90	0.68	0.72
1-3	白陶（白中泛黄）	40.72	49.26	2.87	0.31	0.26	3.70	1.35	0.53
1-4	白陶（白中泛黄）	23.67	66.66	3.98	0.22	0.36	2.45	0.85	0.80
1-5	白陶（白中泛灰）	41.66	46.99	3.87	0.43	1.24	2.93	0.96	0.92
1-7	白陶（白中泛黄）	23.11	67.87	3.29	0.22	0.71	2.14	0.87	0.81
2-2	白陶（白中泛黄）	27.96	64.20	3.10	0.24	0.41	1.82	0.35	0.91
2-3	白陶（白中泛黄）	26.23	64.69	2.44	0.64	0.90	2.66	0.58	0.85
2-5	白陶	32.78	55.55	3.71	0.42	0.64	4.58	0.71	0.61
2-8	白陶（白中泛灰）	32.98	56.72	2.58	0.47	0.40	4.60	0.62	0.64
2-9	白陶（白中泛灰）	35.46	54.23	2.75	0.44	0.46	4.15	0.74	0.78
3-1	白陶	7.02	60.16	2.45	0.84	27.49	0.01	0.82	0.21
3-2	白陶（白中泛灰）	52.47	38.28	3.23	0.16	1.54	1.58	1.22	0.53
3-3	白陶（白中泛黄）	31.20	59.20	4.00	0.44	2.05	0.59	0.45	1.06
3-8	白陶（白中泛灰）	23.85	68.15	1.94	0.43	0.31	1.88	1.44	1.00
4-1	白陶	25.89	66.35	2.09	0.60	0.56	2.53	0.20	0.79
4-2	白陶	26.72	64.17	4.09	0.19	0.28	1.92	0.85	0.78
4-7	白陶	32.05	60.72	2.73	0.32	1.24	0.45	0.49	1.01
4-8	白陶	32.67	59.88	2.78	0.35	1.27	0.28	0.46	1.30
5-6	白陶	22.45	70.07	1.99	0.07	0.78	1.70	1.08	0.87
5-7	白陶	33.86	56.33	3.46	0.34	1.34	1.62	1.04	1.00
5-10	白陶（白中泛黄）	24.01	69.00	2.40	0.07	0.38	2.16	0.13	0.85

表2-4　深圳咸头岭一般陶器主次量化学组成　（单位:%）

样品编号	类别	Al$_2$O$_3$	SiO$_2$	Fe$_2$O$_3$	Na$_2$O	MgO	K$_2$O	CaO	TiO$_2$
1-1	夹砂陶（基质）	32.42	57.97	3.49	0.46	0.62	2.89	0.36	0.78
1-2	夹砂陶（基质）	29.91	60.22	4.15	0.55	0.32	2.31	0.97	0.57
1-8	磨光黑陶（填彩）	23.70	68.90	2.24	1.05	0.30	1.46	0.56	0.80
1-9	磨光黑陶（填彩）	21.86	71.82	1.38	0.34	0.25	1.92	0.54	0.88
2-1	夹砂陶（基质）	31.95	57.78	3.75	0.69	1.00	2.80	0.42	0.61
2-7	夹碳砂陶（基质）	27.05	61.62	3.77	0.07	1.39	4.19	0.37	0.54
3-6	夹砂陶（基质）	30.76	59.80	3.11	0.44	1.13	2.81	0.40	0.55
3-7	夹砂陶（基质）	26.22	61.42	3.64	1.22	0.72	3.28	1.61	0.89
4-3	彩陶（红褐胎）	24.31	64.88	4.94	0.51	0.54	2.18	0.74	0.89
4-4	红褐陶	22.91	65.15	7.04	0.20	0.55	1.75	0.63	0.78
4-5	夹砂陶（基质）	34.23	55.83	4.35	0.86	0.46	1.88	0.45	0.94
4-6	夹砂碳陶（基质）	36.60	51.63	4.58	0.45	1.12	3.05	0.59	0.97
5-1	夹砂橙黄陶（基质）	30.05	58.16	4.84	0.56	0.14	3.92	0.51	0.82
5-2	夹砂灰陶（基质）	35.31	56.78	3.61	0.07	0.15	2.40	0.17	0.51
5-3	夹砂橙黄陶（基质）	27.36	65.10	3.26	0.25	0.08	2.59	0.08	0.28
5-4	红褐陶	22.82	68.05	3.76	0.46	0.78	1.47	0.90	0.77
5-5	红褐陶	20.74	70.05	3.81	0.61	0.84	1.34	0.92	0.69
5-8	彩陶（红褐胎）	20.25	68.17	5.85	0.21	0.72	2.08	1.11	0.63
5-9	彩陶（红褐胎）	18.38	72.03	3.55	0.85	0.60	1.91	1.02	0.66

注：表2-3和表2-4中的"样品编号"，第一个数字（1、2、3、4、5）代表咸头岭遗址新石器时代遗存分段的段数，第二个数字是所选每一段标本的实验室编号。

接着讨论第二期红褐陶色陶器的增多和第三期泥质陶器比例的降低。表2-4所罗列的是一般陶器的主次量化学组成。它们的陶色以褐色为主色调，褐中泛红的称为红褐色陶器，泛黑的称为灰褐色或黑褐色陶器。虽然表2-4几乎所有标本中Al$_2$O$_3$的含量颇高，但Fe$_2$O$_3$也很高，所以，从原料的角度考察，陶土中Fe$_2$O$_3$含量的高低，对陶器产品究竟是呈现深颜色还是浅颜色，是至关重要的。假如孤立地考察第二期红褐色陶器的增多，会直观地认为：在遗址周边缺少了低铁高铝的陶土，只能淘取高铁的陶土制作陶器。假如与第三期夹砂陶器的猛然增加，以及美观的施彩陶器在咸头岭文化之后的消失联系起来思考，会在文化方面寻求解释：人们视陶器为凡物，忽略它的美白靓亮或深褐无光，唯求实用。

（二）成型、修整、装饰

1. 成型

咸头岭的陶器均为手制。陶器的手制法与轮制法相对应。轮制法是先备有"陶车"（木制的水平圆盘，水平地固定在直立的短轴上），将搅好的陶土摔在陶车上，一人旋转陶车也带动上面的陶土旋转，旋转所产生的离心力迫使陶土摆脱中心束缚力抛离圆心，此时另一人用一手控制被抛离的陶土不让它们离心而去，并同时施加一个向心与向上的合力；另一手配合之，将陶土"拉成"预想的陶器坯体。赵善德先生1985年曾对广东省石湾日用陶瓷做过调查，当时石湾的"粥煲"（习称莲子形，即缓鼓腹夹砂陶器），其制作方法是轮制加磨制：将器身分成连接器底的器身下半部、近似于器身下半部的器身上半部、口沿三部分，分别制作；连接器底的器身下半部的制法是：陶车与制作器身下半部的模具连为可拆装的一体，并在陶车圆心处装有一根金属条，让它高离圆心以留出器底的坯体厚度，同时它的长度要短于陶车半径以留出器身的厚度；摔进定量的陶土，电动高速旋转，金属条拨动陶土黏附于模壁，同时用手修整内壁厚度的均匀，成型；逐渐降低陶车的转速，一可继续修整，一可尽量风干器壁让其更为坚固；停车后打开模壁，从陶轮下面取出成品。同理可制作其他两部分，然后再粘接。溯而观之，远古人在轮制陶器时需要注意：其一，摔在陶车上的陶土必须干湿合适，太干了会较坚硬，陶车旋转时，陶土的离心力难于摆脱中心束缚力，未被抛离，陶坯拉不起来；太湿了陶坯拉起来了，但陶坯的硬度小，下部的胎体承受不了上部胎体的压力和拉力，陶坯断裂。其二，要控制好陶车的转速，快慢有致。因此说，从手制陶器到轮制陶器的变化，是古人制陶术的一大进步。

手制陶容器一般有两种方法，一种是泥条盘筑法，一种是泥片贴筑法。前者是将搅好的陶土捏搋成泥条，再在平板上把泥条一圈一圈一层一层地盘接成预想的陶器坯体，然后旋转着坯体进一步粘接泥条间的缝隙并轧实坯胎。这种制法比较常见①。另一种是泥片贴筑法。咸头岭陶容器均为这种制法：将陶土先捏搋成泥球或短泥条，再拍打或滚轧成圆角方形的泥片，然后通过手捏、拍打或滚轧，将泥片四边斜茬粘贴，最后成型。制作时，从器物的底部开始逐渐粘贴到口部，称为正筑。具体做法是：先做好器底（或平底或圜底）；然后从器底四周开始，一圈一圈略近于水平地往上粘贴泥片至最后成型。可以观察到，上一圈泥片与下一圈泥片是"错缝"的，类似于错缝砌筑砖墙一样，所以极少见到陶器器壁纵向断裂的情况。同时，泥片往上粘贴时，下圈已经粘好的泥片的斜茬在内，上圈要与它粘贴的泥片斜茬向外，逐片粘贴。这种粘贴法的好处是：两片泥片粘贴所形成的上、下两道接茬，器物外的离器底高，器物内的离器底近，这样更便利于修整器物外壁的接茬而不留粘贴痕迹，外观更美一些。

器物的口沿和圈足等是事先做好了再粘贴上去的。由于圈足是垂直支撑器身的，所以它与器底的粘贴比较简单，可以将整个圈足与器底粘贴，只要把两者的接茬处抹水使之变软即可粘贴，不过一般都在相接处内侧附加泥条一周，抹平，以便加固。因为我们观察到一些陶器的口沿，仍有纵向剥落的斜茬，故知口沿一般是分段粘贴在器颈上部的。由于器颈既要承受口沿的垂直压力，又要承受其拉力，所以口沿与器颈接茬的内外均加有泥条，抹平，使之牢固；然而，无论如何其牢固程度均不如器底与圈足者，所以，咸头岭胎壁较薄的泥质圈足盘等，一般不见外翻的口沿。夹砂釜类粘贴上外翻口沿，实际上是出于使用的需要（炊煮时可在上面加上器盖，平

---

① 林声：《云南傣族制陶术调查》，《考古》1965 年 12 期。

时可借之提端）；尽管口沿胎壁较厚（与器颈接荏处经抹泥后更厚），但横向断裂仍然难以避免，这也是陶器遗存中经常见到器物口沿的缘故。

咸头岭出土的支脚和器座之类的非容器陶器，均为手捏成型的。这对于制陶术发展到一定水平的咸头岭先民来说，是件简单的事情。

2. 修整

在陶器的成型过程中，制陶人只能专注于尽快成型，否则泥片干硬了粘贴效果不好。因此刚成型的陶器，或者器形不规整，或者器壁凹凸不平，或者器壁未被轧实，所以对其再修整是必不可少的。

表 2-5　咸头岭遗址陶器纹饰统计表　　　　　（单位:%）

纹饰比例时段	绳纹	刻划纹	戳印纹	素面	凸点纹	之字纹	贝划印纹	附加堆纹
第一期 1 段	52.2	26.8	19.6	1.4				
第一期 2 段	74.8	12.3	18.2	4.9	2.1			
第一期 3 段	80.4		14.8	2.7	2.1			
第二期 4 段	56.2	32.4	3.2	3.8		1.2	3.2	
第三期 5 段	70.6	2.2	3.7	11.6		1.4	8.5	2.0

从工艺需要考虑，修整的主要目的是轧实陶胎并使器形规整。咸头岭陶器最常见的纹饰是细或粗绳纹（表2-5）。在岭南，较之更早的这种纹饰在广西甑皮岩遗存中也是常见的。甑皮岩遗存的发掘者和报告整理人，曾对陶壁上绳纹的生成做过实验[1]：把芒草略加揉拧，缠绕在细小的短棍上，把需要修整的陶器用水抹湿，一手（或握着椭圆扁形鹅卵石）为"陶垫"垫着陶器内壁，一手握着绳棍，在相对应的部位外壁，反复滚轧，这样陶壁被轧实了，而在器表上便留下了绳纹。为什么要用绳棍滚轧而不是用诸如鹅卵石之类平滑的硬物平压呢？我们都知道打夯，细心者也

---

[1]　中国社会科学院考古研究所等：《桂林甑皮岩》，文物出版社，2003 年，第 359 ~ 367 页。

都会注意到夯底总是粘有一些夯土，这是因为夯底平滑所致。半湿不干的陶土，其黏性远比夯土为大，假如用平滑硬物平压，必定会把陶土黏附出来而使陶壁的表面变得粗糙，无法达到修整的效果。所以这种纯粹是为了修整陶器，不是为了装饰需要而生成的纹饰，我们称之为工艺纹饰（在甑皮岩的陶器中还见到器壁内外均留有绳纹的陶片，是为明证）；绳纹即其一。道理上，绳棍斜向于陶器器底的方向滚轧（尤其是接近于器底部位），会更自如些，因此我们常见的绳纹均如此。但是，咸头岭陶器中，器颈接近口沿的部位，其绳纹多是垂直于器口的，同时其上端的绳纹被粘接口沿抹泥而抹得高低不齐，鉴于此，我们尝试了一下，碍于外翻的口沿，要轧实器颈确实困难，假如在尚未粘接口沿之前便轧实颈部，尤其是纵向反复滚轧，自如之极。因此推测，咸头岭陶器中凡器颈存有纵向绳纹的，均在粘接口沿之前便滚轧修整器颈部位。

轧实陶胎的修整是与规整器形的修弊同时进行的。我们都知道，远古人的陶器都是近似于圆桶形的，这并非他们是出于节省材料的需要，而是他们懂得圆的器物不容易裂，好用，也美观。这样他们在规整器形时，首要考虑的是"圆"，特别是惯常视线范围内的陶器部位，也就是口沿以及至器腹部分的器形要规整。我们又知道，轧实陶胎的是垂直于和斜向于器壁的合力，因此在轧实陶胎的同时又会把一些陶土向下挤压，这会使修整后的陶器形态不同于粘接时的形态。因此，为了保证口沿与其下视线范围内的器形规整，只能从上往下轧实，被挤压的陶土最后只能挤到器底部位去。因此这样修整出来的陶器往往是圜底或是垂腹的了；咸头岭的陶器（尤其是立体造型的琢器）基本是这种形态的。

由于泥质陶器的陶土密度较大，显得细腻，器壁也较薄，因此修整的主要作用不在于轧实陶胎，只要稍加拍打即可；而陶胎表面的光滑却是泥质陶器修整的主要目的。修整方法有刮削、湿手抹平、器表的磨光和涂刷陶衣等。

刮削。这是利用竹、木制成的片状工具即刮板进行的，也可以用贝壳进行，刮掉器表上多余的泥料，使胎壁各部位厚薄比较均匀。例如：盘（06XTLT8⑧：1），器身内壁留有一道道横向的刮削痕迹，每道痕迹宽约 5 毫米（图 2-1）；这种横向的刮削痕迹在釜口沿的内、外表经常见到。

湿手抹平。用沾水的手将器表抹一遍，由于器表吸水，从泥料中析出细泥浆，遮盖在器表上的小凹坑、粗颗粒或刮削痕迹之上，从而使器表显得平整。例如泥质陶盘（06XTLT14⑧：1），即经湿手抹平（图 2-2）。有些釜的口沿内、外表经过横向刮削之后，用湿手略加抹平，但未抹彻底，仍留有刮削痕迹。由此可见，刮削的工序在先，湿手抹平的工序在后，湿手抹平是最后一道修整工序。

图 2-1　刮削　　　　　　　　　　　　图 2-2　温手抹平

3. 装饰

从词义上说，修整就包含有装饰。例如，上面谈到夹砂陶器中的轧实陶壁使器形规整，绳纹的生成，以及素面陶器，就是在陶器的修整过程中也完成了装饰。这里所说的装饰乃专指在完成修整工艺之后，使陶器表面更美观的加工；或指装饰纹饰。

施彩陶器。施彩陶器的彩多数是先绘在泥胎上再烧成的，但也有在陶器烧成后再加绘上去而未经火烧的。前者称彩陶，后者称彩绘陶。咸头岭遗址出土的施彩陶器多为彩陶；少量磨光黑陶戳印纹中的填彩为彩绘陶。彩陶是在陶胎细腻光滑的器表上，用高铁或高锰的矿物质溶液为颜料，绘画图像，陶器烧成后，器壁与图像的颜色形成较强色差，以显现图像的形象。为了突出图像的鲜艳和光泽，器壁一定要细腻光滑，为此，有些彩陶在坯体成型处于半干状态时，在其表面涂上一层细腻的泥浆，这就是"陶衣"。咸头岭彩陶中的陶胎以白陶居多，故涂刷陶衣的彩陶较少，而白底加红、褐、黑色彩乃其常见者，彩料与普通陶器的化学组成差别不大，只是其中的 Fe_2O_3 含量较高。

咸头岭的彩绘陶器可称为填彩的彩绘陶。一般的彩绘陶，可用彩料在器表的任意部位绘出图像。但填彩的彩绘陶，则是将彩料填充到器表上某些限定的范围内。具体在咸头岭的遗存中，是仅见于早期的、在戳印纹的凹槽之内填入赭红色矿物——遗存的发掘者用棉签擦拭 06XTLT1⑧：1（图2-3）戳印纹凹槽内残留的赭红彩，由于凹槽较深，填彩较厚，彩料容易脱落，这表明是先烧制后填彩的；同时，也擦拭 06XTLT1⑧：8（图2-4）和 06XTLT14⑧：1（图2-5），由于凹槽内残留的赭红彩很薄，彩不易脱这表明彩料中可能加入黏合剂。

图2-3　彩绘、磨光陶

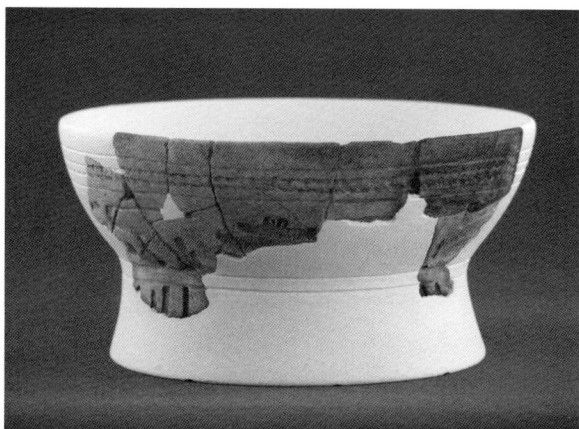

图2-4　彩绘陶

磨光陶器。这里专指不同于湿手抹平或涂刷陶衣的那部分、器表相当光滑晶亮的陶器；它们是用质地坚硬而光滑的工具（如河卵石、骨器）打磨过的陶器。这种陶器的器表密度高，甚至器表的矿物晶体（石英、云母等）可顺着磨光工具用力的方向重新排列，从而呈现光泽，更加美观。咸头岭这类陶器很少，仅见于06XTLT1⑧:1（见图2-3）、06XTLT9⑧:2、06XTLT12⑧:9，均为泥质黑陶。

下面简单介绍表2-5所罗列的装饰纹饰的做法。

表2-6　咸头岭部分陶器典型样本的物理性能

编号	名称	体积密度（g/cm³）	吸水率（%）	显气孔率（%）
4-6	夹砂灰黑陶	1.78	18.1	32
5-2	夹砂灰黑陶	1.70	18.5	32
1-8	彩陶	1.80	18.9	34
3-3	彩陶	1.73	20.6	35
1-4	白陶（白中泛黄）	1.83	17.95	32
2-9	白陶（白中泛灰）	1.65	23.7	39
2-2	白陶（白中泛黄）	1.75	19.85	35
3-1	白陶	1.78	18.73	33
4-7	白陶	1.81	18.2	34
5-10	白陶（白中泛黄）	1.79	17.86	32

刻划纹（图2-6）。这是用尖利的竹、木棍头刻划出的直线、折线和曲线。见于泥质的黄白陶的盘、罐口沿和圈足外壁。刻划纹一般与彩色纹样组合，先在口沿或圈足部施条带纹彩，然后在彩上刻划线条。个别见于夹砂陶的圈足外壁。其中，划出"之"字形的纹饰，便称之为之字纹。

图2-5　彩绘陶

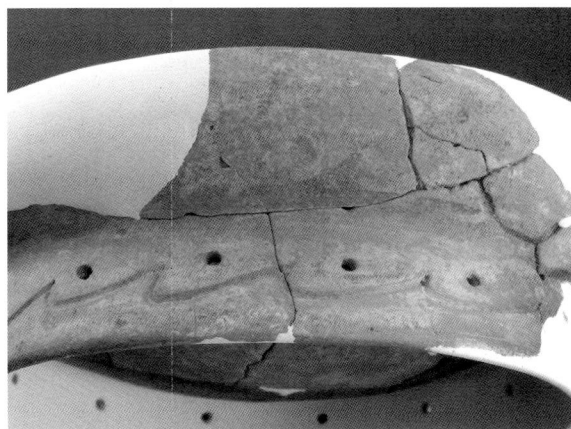

图2-6　刻划纹

　　咸头岭的戳印纹（图2-7），饰于白陶和磨光黑陶的盘、杯外壁；一些矮圈足钵的外底部也有见到。早期的比较细密，中晚期的比较疏朗，再晚的则比较复杂细密。无论哪种形态，都是用竹、木片做成不同形状的戳子戳印而成的组合图案，较特殊的图案有鸟的侧面形象和简化的兽面形象，戳子戳端的形状有半月形、弯月形、椭圆形、圆角弧形、圆角梯形、长条形等，在器表上也就生成相应形状的纹饰。

　　咸头岭遗存的发掘者经过观察和仿制认为，凸点纹（图2-8）是利用有凹点纹（阴纹）的圆棍纵向滚压而成，不是拍印而成。有两个证据，一是凸点纹纵向大致排列成行，而且在较长一段距离内排列成连续凸点纹；二是器表没有因拍打而形成的一个个小平面，施纹后仍保持较好的球面状。凸点大小不一，直径1.5~5毫米，以大凸点占大多数，小凸点少见。凸点大小不一的原因有两个：主要原因是圆棍上的凹点大小不一；次要原因是滚压时交界处有些凸点被叠压和打破，只剩下一部分，成为不完整的凸点。发掘者仿制了1件钵，以山东章丘市城子崖遗址附近的黄河边淤泥作为原料，采用正筑泥片圈筑法成型，当时坯体的含水量约20%，在含水量下降到14~15%时，将坯体扣放，用凹点纹圆棍从底部至腹上部进行滚压。凹点纹圆棍是这样制作的：利用质地松软，剥掉树皮，已经干燥的松木圆棍，长22厘米，直径2.5厘米；用竹竿制成两根小棍，长约8.5厘米，下端都磨成圆钝状，直径分别为4毫米、2.5毫米，预备一块石锤，将竹棍下端对准圆棍上的适当位置，用石锤砸击竹棍上端，圆棍上便出现一个个凹坑①。此可备一说。实际上，制作带有一系列凹坑的圆棍，或缠绕芒草的短棍，用来轧实陶壁的原理是一样的，只不过前者生成的凸点阳纹，后者生成的是阴绳纹而已。若此，这种纹饰也应该是工艺纹饰；但因为绳纹常见，凸点纹少见，故亦可理解为出于工艺需要但又别出心裁的纹饰，置此叙述。

_____

① 以上部分参考深圳市文物考古鉴定所等：《深圳咸头岭——2006年考古发掘报告》下篇第三章，文物出版社，2010年。

图 2-7 戳印纹

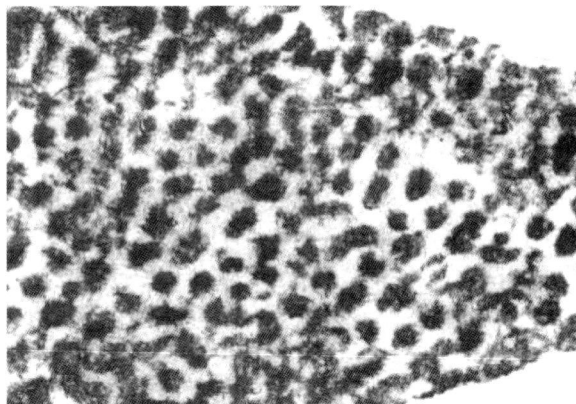

图 2-8 凸云纹

贝划（印）纹。用海贝壳做工具划出纹饰即为贝划纹。贝划纹与刻划纹相比，所用的施纹工具不同，因而纹理也不同。例如，罐（06XTLT8③：7），在肩部，先用湿手将滚压的绳纹潦草抹去后，再用海贝壳施加多组弧线状划纹，一组朝下弧，另一组朝上弧，上下相对；器座（06XTLT5③：1），外表有数组纵向的长条状贝划纹，各组之间有多组斜向、短条状贝划纹，有的向左斜，有的的向右斜（图 2-9）。贝印纹与戳印纹相比，也是施纹工具不同而纹样不同。例如，釜肩部（06XTLT1④：123），印纹凹槽两边不如用竹戳子压印而成的更齐整，用海贝壳的口边压印而成。那是因为竹戳子的戳端是平齐的，而海贝壳的印端是弧形的。

咸头岭的附加堆纹，是晚期新出现的，它与我国龙山时代常见的附加堆纹不同，那里的一般附加于鼓腹器物最大径的外表，因为这一部位的器物下半部要承受上半部的垂直压力和向外的拉力，容易出现裂缝，加上一圈附加堆纹后起到加固的作用；或可界定为工艺纹饰。咸头岭者，则见于碗、圈底盘、支脚和一些器座上，其做法是：先在器表贴上细泥条，然后在泥条上戳印出细密的齿状纹。例如，腹片（06XTLT5 ③：4）的外表，先附加多根细泥条，排列成"人"字形纹，泥条被压扁后，用薄木片或竹片在数根泥条上由左向右依次进行压印，使泥条上产生短横线状的凹槽，呈现出排列有序的小方块状凸起（图 2-10）。因此其施纹工艺的细致程度不亚于戳印纹；乃装饰纹饰。

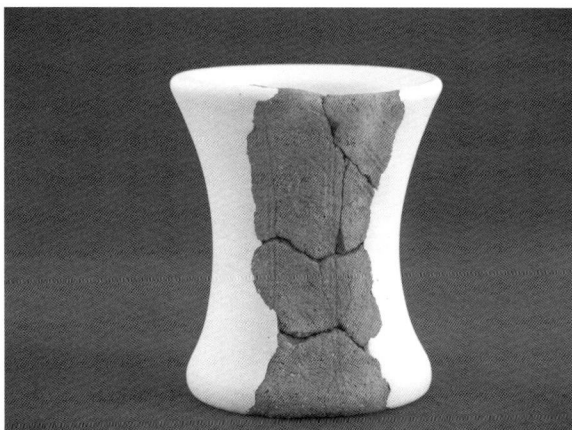

图 2-9　贝划纹

图 2-10　附加堆纹

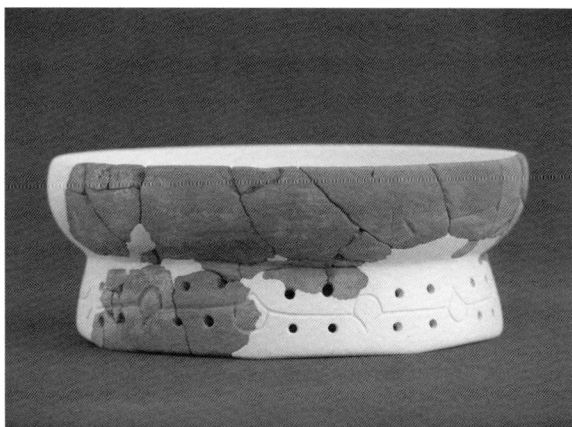

图 2-11　镂孔和凹弦纹

此外，咸头岭陶器遗存中还有不多见的镂孔和凹弦纹（图 2-11）。镂孔常见于圈足盘的圈足上，往往与刻划的水波纹和彩绘相配搭，形成视觉上海水激荡的形象。而镂孔的做法是，用锥状工具由外向内捅出圆形镂空。凹弦纹是用圆钝工具在器表划出一圈或平行的数圈细浅的阴纹。观察咸头岭的凹弦纹陶器可知，作用有四，一是有自身的装饰作用；二是作为施加戳印纹的边框；三是划分戳印纹的图案带；四是划出施加戳印纹的基线，以便戳印纹横向排列得整齐有序。

（三）陶器的烧制

1. 早期陶器烧制的一般情况

陶胎做好定型后，还必须阴干至可随意搬动，才能烧制，使其发生物理化学变化成为陶器，这一过程为陶器的烧制。烧制陶器可以是"露烧"，也可以是"窑烧"。前者是在平地上将干草和木柴与陶坯堆放在一起燃烧，约 1 小时后柴火烧尽，温度可达 850℃左右，其间陶坯的烧成温度略低于此而成为陶器，但陶器各部位因为迎火或背火的关系，其烧成温度并不均匀。后者则有多种形式。一种是：一次性泥质薄壳窑窑烧。这是在地上铺上干草和木柴，将陶坯置于其上，再用干草将这堆燃料和陶坯全部覆盖，最后用稠泥浆涂抹覆盖干草（留有点火口和通气口），使表面形成一个厚约 1 厘米的薄泥壳，视之如小土包。点火燃烧，燃料变成灰烬，薄泥壳被烧结破裂，唯独陶坯被烧成了陶器。这样烧成的陶器，各个部位的火候会略为均匀，总体也会接近于 850℃。一种是：重复性土窑窑烧。最简易的是在土包临坎处挖出窑室，同时在坎下相应地方横挖火膛，使火膛与窑室隔以凿有火道的窑箅相通，纵剖面略似"L"。这就是平时所说的"横穴窑"。陶坯置于窑室内，由火膛点火同时不断添加柴草，使窑室温度升高并持续较长时间，最后将陶坯烧成陶器。这样烧制出来的陶器各个部位的火候会更均匀些，总体火候或略高于 850℃。

2. 窑温与烧成气氛

我们知道，陶坯被烧成陶器的过程也就是固体物质的燃烧过程。在这个过程中，燃料的发热量越高，窑温（燃烧温度）也越高。燃料发热量的高低，一般受下列三种因素的影响：其一，燃料固定碳含量的高低。远古人还不懂得烧制木炭，烧窑的燃料只能是干草与木柴，干草与木柴的固定碳含量不同，可燃烧的最高温度也不同，在 400℃~900℃之间，哪怕是最好的木柴也难于超过 950℃。其二，燃料是否完全燃烧。这取决于氧气供给是否充足和过剩空气是否过多。因此，烧制陶器时，促使空气的畅通很重要，这一是使氧气供给充足，二是尽量减少过剩空气。所以一般陶窑的窑室与火膛，都有一定的坡度以利通风；同时，在没有人工鼓风的情况下，大风干燥又比闷热潮湿更有利于提高燃料的发热量。其三，陶窑的热损失程度。或者窑室的容积合适，内壁抹泥；或者窑顶略加收敛，甚至封顶而加筑简易的"烟囱"，也可提高窑温。

假如氧气供给充足，燃料得到完全燃烧，以及陶坯中的水分和其他有机物均可蒸发或挥发排出，那么，这种烧成气氛即为氧化气氛。在氧化气氛中烧成的陶器，由于陶坯中呈红褐色的氧化铁（Fe_2O_3）没有被还原为呈黑色的氧化亚铁（FeO），因此其陶器显现红褐色。假如氧气供给不充足，燃料未得到完全燃烧（例如在烧窑末期封闭窑顶并渗水入窑），陶坯中的氧化铁（Fe_2O_3）被还原为氧化亚铁（FeO），陶器就会显现青灰色。假如在停止烧窑窑温下降至400℃～600℃时，向窑内投进诸如碎柴草之类的有机物，让其未充分燃烧而产生富含碳元素的黑色浓烟，黑烟中的微小炭颗粒会逐步渗入陶器的表层，致使陶器外表发黑、致密，这就是渗碳黑陶。

由此观之，在窑体和燃料相同的条件下，利用氧化气氛烧成的陶器，即红陶，与燃料未能得到完全燃烧而造成还原气氛烧成的陶器，即灰陶和黑陶，红陶烧成温度是最高的。假如是为了美观（灰陶可掩盖红陶表面的斑驳，黑陶可增强光泽度），在利用氧化气氛烧制陶器的末段，有意识地渗水或渗碳，使陶器表面变灰或变黑，那么，不但它们的烧成温度不会低于红陶，还能使陶器更为美观，则为烧陶工艺的进步。

表2-6和表2-7是两个不同团队的科技考古研究者[①]，"背对背"的对咸头岭部分陶器的物理性能测试结果，前者利用热膨胀法[②]测试分析了各段代表样品的烧成温度，大多数样本烧成温度在900℃以下；后者也同样测定样品的烧成温度，其结论是

---

① 表2-7资料来源于深圳市文物考古鉴定所等：《深圳咸头岭——2006年考古发掘报告》下篇附录，文物出版社，2010年。表2-8资料来源于本书《附录一》。

② 该方法的原理是，陶瓷未达到其原初的烧成温度时，其膨胀率与加热温度成正比，这时，测试所得的是一条斜率与其膨胀率相关的直线。而当加热温度超过其原初的烧成温度时，因陶瓷坯胎内气孔的收缩，则坯胎将在原膨胀基础上叠加一个收缩效应，于是，原测试直线便出现一个拐点，依据这一拐点，即可求得陶瓷的原始烧成温度。请参考王昌燧等：《早期陶器刍议》（见《中国文物报》2005年11月11日第7版）。

一致的。因此，在没有证据说明红陶与黑陶的烧成温度存在高低差异的情况下，可暂时认定，咸头岭灰陶和黑陶（尤其是渗碳黑陶）的出现，是烧陶工艺进步的结果。

表 2-7　咸头岭部分陶器样本的工艺和物理性能

序	遗址	样本号	烧成工艺、物理性能			
			烧成温度（℃）	烧成气氛	吸水率（%）	硬度（莫氏）
1	咸头岭	06XTLT3⑨：3 CS0001	—	还原	24.74	3
2		06XTLT3⑦：4 CS0002	920	还原	17.59	3
3		06XTLT3④：7 CS0003	—	还原	17.78	3
4		06XTLT3④ CS0004	900	先还原 -后氧化	12.94	3
5		06XTLT1③ CS0005	920	还原	26.80	3
6		06XTLT1③ CS0006	920	还原	15.89	3

3. 关于陶窑

以木柴为燃料烧窑，要将窑温提高至 900℃，要么是木柴的固定碳含量极高；要么是窑体的通风条件极好；要么是窑室的热损失极低。考虑到热带雨林区，固定碳含量极高的木柴，一般都是生长期长、密度大（年轮细密）的硬乔木，例如，铁力（栗）木、荔枝木、海棠木（冰糖果）之类的，远古人使用石质工具，难于将其砍伐，尤其是要劈成易于烧窑的块片，而且烧窑需用大量的木柴，所以用硬木木柴来烧窑不如利用较为松软的木头更为省力。易言之，咸头岭人用固定碳含量极高的木柴为燃料的可能性不大。又考虑到咸头岭遗址所处的迭福湾为基岩海岸，其地质结构为晚侏罗世燕山三期的黑云母花岗岩为主要岩相的断裂①，修治在山坡上的窑室缺乏沉积土壤，窑室的热损失不会太低。而滨海海湾，采风容易，窑体的通风条件理应很好。总之，在没有发现窑址的情况下，我们推测，咸头岭人在选择窑址的坡度和火膛方向时，会有意识地考虑到适合于采风和通风的因素；乃至在修治窑室时，对其容积的大小和顶部的形状，理应已经积累了相当的知识。

三、陶器使用研究

陶器使用的研究，在这里要关注陶器的器类和陶质与器类和纹饰的关系。

（一）器类和陶质

我们把深圳咸头岭遗址第五次发掘所获的、属于此时期的陶质和器类数据制作成表2-8，阅读之得知，在咸头岭陶器中夹砂陶器所占的比例远高于泥质陶器。一般情况下，前者是作为炊煮器之用，后者用于盛贮或端食；同时，前者只有釜、支脚和器座三种器类（图2-12～14），釜乃最大量者（各期均占50%以上），一般作圆唇，卷（或折）缘，束颈，深（或圆鼓）腹，圜底，容积较大，无棱无角，便于炊煮使用。支脚下粗上细，上部向一边倾斜，顶部有一斜的平面。器座近喇叭形，上下通空。这三种夹砂陶器在沙丘上配合使用，再合适不过了——沙丘缺少可以累灶的石块或黏土块，而3件支脚组合之可稳定地支撑釜以炊煮；炊煮完毕尚有余热的

---

① 参阅深圳市文物考古鉴定所等：《深圳咸头岭——2006年考古发掘报告》上篇第一章，文物出版社，2010年。

釜，直接置于沙丘上，会使之急剧降温，导致散热不畅而破裂，若置于器座上，既能缓慢降温又可抬高食物以便食用。可见咸头岭的夹砂陶器大多是用于炊煮的。

图 2-12　釜

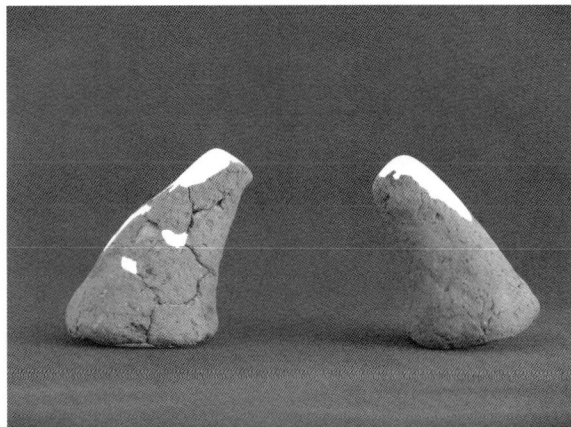

图 2-13　支脚

图 2-14　器座

此外，在咸头岭陶器中也有个别形态似碗的夹砂陶器（图 2-15），或为炊煮时所用的器盖。在前几何印纹陶时期其他遗存中还出土有一些夹砂陶的"器箅"（图 2-16），所见几件，均为长方体，不可能如常见的、隔水蒸食物的器物，而应为烤食物所用：今沿海岛民仍有烤食海产品的习俗。

表 2-8　咸头岭陶质器类一览表　　　　　　　　（单位:%）

陶质	夹砂陶			泥质陶						
器类比例时段	釜	支脚	器座	圈足盘	罐	杯	钵	碗	豆	圜底盘
第一期 1 段	52.2	1.0		25.5	14.7					
第一期 2 段	53.5	2.4		28.1	9.3	5.2	1.5			
第一期 3 段	56.5	2.9		16.6	9.5	3.6	3.5		7.4	
第二期 4 段	57.7	3.2	2.5	35.4					1.2	
第三期 5 段	58.6	8.5	5.2			6.0		16.3		3.0

图 2-15　碗

图 2-16　器算

　　咸头岭所见的泥质陶器有罐（图 2-17）、圈足（或圜底）盘（见图 2-11）、碗钵（见图 2-4）和杯豆（见图 2-7）。

　　罐，束颈，溜肩，垂鼓腹，圈足外撇。出土量不多，并为立体造型的琢器，不宜于作端食之用，只能是盛贮器，考虑到造型中使用了利于密封和防潮的束颈与圈足等元素，可推测为作贮物之用：远古沿海居民需要贮存的物品较多，如海产品干货、调味品、腌制品、麻醉品（某些植物汁，或可用于"毒渔"，或可勾兑为

"酒"），等等。

其余泥质陶器器类均为平面造型的圆器，考古工作者在披露原始资料时，倾向于更详细的分类，但从使用功能的角度考虑，不必过繁，它们都应当是作为盛装当餐食物或端食之用的——一般，在较发达的农业社会里，数人用餐时，常用盘、碟、豆之类的盛装着副食，置于中间，数

图 2-17　罐

人各自用碗端食主食，共用副食；因此所需圆器较多——在前几何印纹陶时期的沿海居民，用餐时或并无主食、副食之分，但考虑到出土的圆器数量较多，形态也多样，故推测其中有些乃"饮器"。即使如此，我们也并无意将哪种器物界定为饮器，只不过推测他们生活中或比较注重"饮"（汤或麻醉品）。

（二）器类和纹饰

前几何印纹陶的纹饰相当丰富，或有特定的含义。关于此，早在20世纪90年代即有借助于彩陶纹样的分析认为，部分彩陶器与居民进行某种民俗活动有关，具有"祭器"的部分功能①。之后，深圳市博物馆杨耀林研究员，整理馆藏此时期的陶器，对其纹饰进行了较详细的研究认为，咸头岭彩陶的繁荣期，其花纹题材多达50余种，出土的白陶，圈足或器物颈部、肩部或全身浮雕精美的复合图案，图案多以篦点方格纹为地，计有"X"纹、连续"S"纹、圆圈纹和辐射短线组成的太阳图

---

① 参赵善德：《珠海沙堤遗址研究》，见珠海市博物馆等：《珠海考古发现与研究》，广东人民出版社，1991 年，第 254～264 页。

案、连续"M"纹与直线、"W"曲角线与直线及小孔眼构成的浅浮雕图案（图2-18），惟妙惟肖、给人以古朴而又神秘的感觉①。

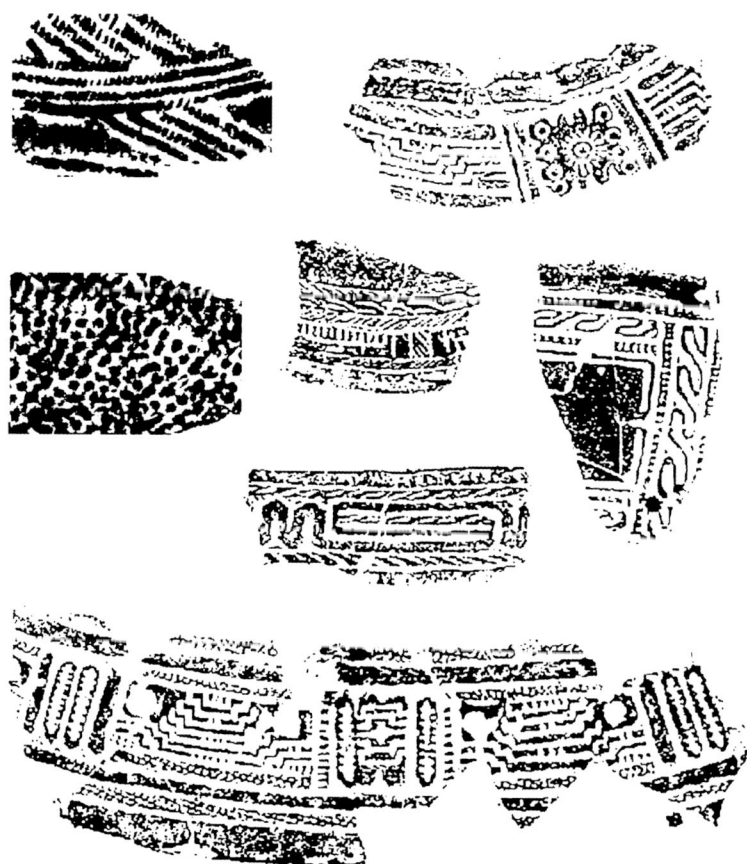

图 2-18 复合图案

珠海宝镜湾陶器的纹饰为此时期刻划纹最为发达的遗存，其年代介乎咸头岭文化与"几何印纹陶文化遗存"之间，虽不属于东江三角洲，但与东江三角洲虎门东岸滨海地区的文化遗存实为同一文化系列者，在此时期东江三角洲材料缺备的情况下，可将其作为研究陶器的重要参考。图2-19是宝镜湾常见的纹饰，一方面具有沿袭咸头岭文化写实的风格，但却"特写化"，内涵更为丰富了；图2-20第1排第1个

① 杨耀林：《深圳咸头岭史前文化遗存初步研究》，见广东省文物考古研究所：《广东省文物考古研究所建所十周年文集》，岭南美术出版社，2001年，第85～94页。

图 2-19　珠海宝镜湾常见的纹饰

似乎在描写"海上日出"；图 2-21 是器盖上的刻划纹，在构图上能够把握圆心这个中心点，纹饰是心发散与心对称巧妙结合，既平衡又灵动；而且线条流畅活泼，或可视为当时的精品。我们尽管无法准确说明远古人借用上述刻划纹所表达的含义，但总可以说其纹饰具有"写意"的一面。进而言之，其中的某些陶器当与当时居民进行某种原始宗教活动有关。

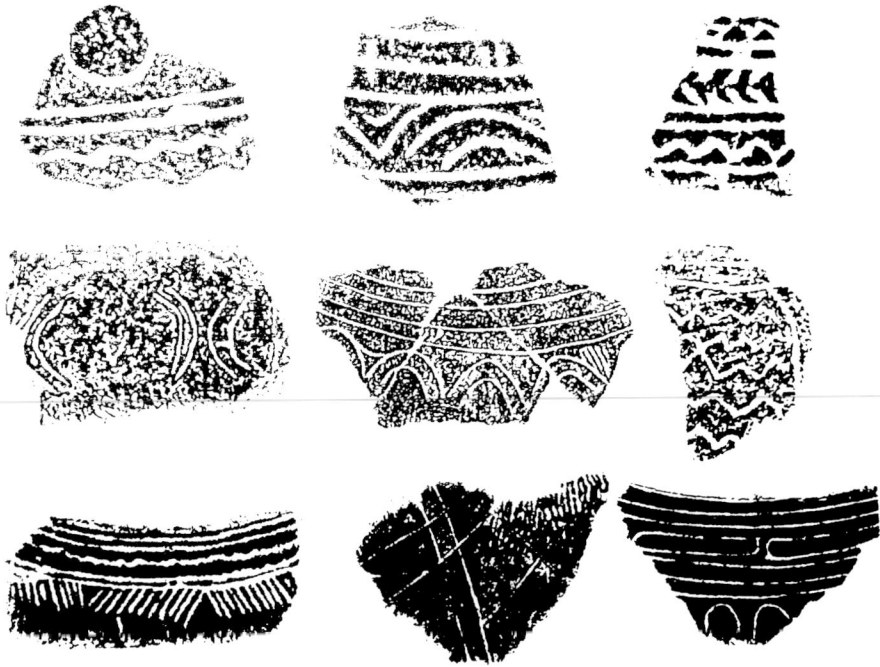

图 2-20 珠海宝镜湾常见的纹饰

图 2-21 珠海宝镜湾器盖上的刻划纹

四、小　结

1. 关于文化遗存的分期

本章所探索的是"前几何印纹陶"时期的陶器诸问题。以文化遗存的考古学特征为标准，此时期的文化遗存又可分为两大群，一大群属于咸头岭文化的部分，年代为距今7000～6000年间，另一大群的年代距今6000～5000年间，权称为后咸头岭文化遗存；但从陶器的工艺与化学成分和物理性能考察，两大群文化遗存基本相同。因此，本章主要利用原始资料和研究成果最为丰富的深圳咸头岭文化遗存，作为研究基础。

2. 陶质

最大特点是夹砂陶器的比例颇高，占总量陶器的70%左右。基于其一，制陶原料乃就地用材，夹砂陶器所夹杂的瘠性原料是遗址附近常见的石英颗粒或钾长石，颗粒较大；而泥质陶器虽然结构疏松、粗糙、颗粒细小但均匀。其二，夹砂陶器的器类是釜、支脚和器座，为炊煮器；泥质陶器的器类有盘、豆、罐、杯和钵等，为盛贮容器。表明咸头岭先民已经意识到夹砂陶器和泥质陶器在受热等性能上的差异。其三，泥质陶器中出现了制作工艺要求较高的白陶和施彩陶，并占有相当数量和比例。这说明了人们对陶器的制作和使用已经有了较充分的认识。因此夹有较多较大颗粒瘠性原料的陶器，并非人们对陶土的淘洗不够精细所致的有砂陶器；而是有意夹入的羼和料，即本书所称谓的夹砂陶器。

泥质陶器中，存在着相当数量和比例颇高的灰白色陶器，根据对陶土主次量化学成分的分析认为，这是陶土高铝低铁的缘故。同时所呈现的早期灰白色陶器远多于红褐色陶器，晚期则相反的现象，从陶器的总体工艺、咸头岭先民社会活动的过程和遗址所在环境地质结构等方面的说明，认为乃人们早期多在山麓采集高铝低铁的黏土，晚期多在泻湖沿岸采集含铁量相对较高的黏土以制作陶器，并非他们已经意识并掌握有效的除铁方法所致。

3. 陶器的制作和装饰

陶器的成型方法均为手制法。容器运用错缝正筑的泥片贴筑法成型。即先做好器底，然后把拍打或滚轧好的圆角方形的泥片，一圈一圈略近于水平地往上四边斜茬粘贴，并且上一圈泥片与下一圈泥片是错缝的；但器物的口沿和圈足是另外粘接的，并在接茬处加上泥条，抹平，使之牢固。非容器陶器则手捏成型。

陶器坯胎修整的方法，一种是利用绳棍滚轧陶壁以使之密实，凡此，均留下诸如粗、细绳纹之类的工艺纹饰。器颈部位的绳纹是纵向的，其他部位是斜向的，同时琢器多为垂腹者，这是此期陶器绳纹和造型的特点，这是出于人们操作便利与审美本性的缘故。其他泥质陶器的修整方法有刮削、湿手抹平、器表的磨光和涂刷陶衣等。刮削是利用竹、木制成的片状刮板或贝壳进行的，目的是使胎壁各部位厚薄比较均匀。湿手抹平是用沾水的手将器表抹一遍，遮盖器表上的小凹坑、粗颗粒或刮削痕迹，使之显得平整。

陶器坯胎的装饰是指完成修整工艺之后为使陶器表面更美观的加工工序，由此所留下的纹饰，称之为装饰纹饰。具体的纹饰有施彩陶器、磨光陶器、戳印纹、凸点纹、贝划（印）纹、附加堆纹。

此时期的施彩陶器多为彩陶；少量磨光黑陶戳印纹中的填彩为彩绘陶；同时，彩陶中的陶胎以白陶居多，故涂刷陶衣的彩陶较少，而白底加红、褐、黑色彩乃其常见者，彩料与普通陶器的化学组成差别不大，只是其中的 Fe_2O_3 含量较高。

磨光陶器是用质地坚硬而光滑的工具（如河卵石、骨器）打磨过的陶器；它们光泽度较强，更为美观。

刻划纹是用尖利的竹、木棍头刻划出的直线、折线和曲线；而且一般与彩色纹样组合。

戳印纹是用竹、木片做成不同形状的戳子戳印而成的组合图案，较特殊的图案有鸟的侧面形象和简化的兽面形象。

凸点纹很少见，它是利用有凹点纹（阴纹）的圆棍纵向滚压而成，不是拍印而成。这种纹饰也可理解为工艺纹饰。

贝划（印）纹是以海贝壳为工具划出的纹饰。相对刻划纹而言，一是所用工具，二是纹理都有所不同。

附加堆纹是晚期新出现的。它是先在器表贴上细泥条，再在泥条上戳印出细密的齿状纹，其施纹工艺的细致程度不亚于戳印纹。

镂孔和凹弦纹并不多见。它们往往与其他纹饰相配搭，或写实，或整齐有序。

4. 陶器的烧制

两个不同团队的科技考古研究者分别对咸头岭部分陶器做了测试，知其烧成温度约900℃。在没有证据说明红陶与黑陶的烧成温度存在高低差异的情况下，可暂时认定，咸头岭灰陶和黑陶（尤其是渗碳黑陶）的出现，是烧陶工艺进步的结果。其陶窑应为横穴式升焰窑，人们对修治陶窑所应考虑的窑址坡度、火膛方向、适当的窑室容积、窑室顶部的形状等知识，已经有相当的积累。

5. 陶器的使用

分析了陶质和器类的关系得知，夹砂陶器是炊煮（烤）器。泥质陶器中立体造型的琢器是盛贮器；平面造型的圆器是端饮器。某些留有精美的、或写意的、或特写化的纹饰的彩陶或刻划纹陶器，当与人们进行某种原始宗教活动有关。

第三章 早期几何印纹陶时期的陶器

本章将探索距今约 5000 年至商代晚期的陶器。

一、遗存概况

东江三角洲属于此时期主要的文化遗存有东莞的圆洲①、龙川荷树排第一期遗存②、东莞村头③、深圳向南村④、屋背岭⑤等遗存；此外，还有一些零星的文化遗存，恕不赘列。

圆洲贝丘遗址位于东莞市石排镇东南、北距东江约 4 公里的一个有众多小岗丘组成的岗丘上，其四周是惠阳平原。该遗址约 1 万平方米，1998 年发掘了 350 平方米。根据发掘者的初步研究，圆洲遗存的年代大致为距今 4500 年前后。由于发掘主

① 广东省文物考古研究所等：《广东东莞市圆洲贝丘遗址的发掘》，《考古》2000 年 6 期。

② 广东省文物考古研究所等：《广东龙川荷树排遗址发掘简报》，广州市文物考古研究所等《华南考古》2，文物出版社，2008 年。另，该遗址在地理概念中已不属东江三角洲，但文化面貌却与之相同，故借用之。

③ 我们参与了该群遗存的资料整理和报告编写工作，发掘报告将于 2010 年由文物出版社出版。

④ 深圳市文管办等：《深圳市向南村遗址发掘简报》，《考古》1997 年 6 期。

⑤ 广东省文物考古研究所等：《深圳屋背岭遗址发掘报告》，《考古学报》2004 年 4 期。

要是在岗丘东南（当为西南）的边缘进行，根据地层堆积和文化遗存分析得知当时的自然环境大致为：现在东江南岸狭长的淤积平原在当时乃广阔的"浦田"，即多雨的年份和季节是杂草丛生的浅水域，少雨的年份和季节是泥沼地乃至陆地。无论浦田地带是水域还是陆地，均可提供人们谋生的水生资源或诸如牛、鹿之类喜湿的食草类动物；遗址的所在岗丘，基本上是高于浦田 1~2 米的陆地，由于岗丘的连续空间较大，植被茂盛，人们利用其陆生资源谋生，同时也可与外界更广阔的陆地相连通。因此遗址的生态环境还是适合一定数量的人群，比较稳定地发展以渔猎—采集为主、初始农业为辅的经济活动。发掘圆洲遗址共获得陶片 3000 多件，复原器物 17 件。

龙川荷树排遗址位于河源市龙川县西距县城约 22 公里的山冈上。2003 年，广东省文物考古研究所对其发掘了 4300 平方米。资料整理者将所获遗存分为两期，但主要的遗存属于第一期，该期"曲折纹与方格纹的组合形态，与佛山河宕、三水银洲第 2 年代组、东莞圆洲第三组单位曲折纹与方格纹的组合形态相似"[①]，故可知其年代相近或稍晚于石排者，即大致在距今 4300 年前后的一段时间内。

村头遗址位于东莞市南部约 30 千米虎门入海口东岸，坐落在今村头村西侧海拔 10 米的大山园岗丘上面。岗丘向南逐渐低缓，在遗址形成时期，其南缘是滨海的；遗址其余三面连接着罗浮山余脉丘陵或台地。考古工作者经过两次发掘，共揭露面积约 3000 平方米，通过分析对比，将其遗存分为四期，其起讫年代约当中国历史中的商代早期至晚期偏早阶段，即距今大致在 3550-3000（或略早）年间。村头聚落处于气候较为温热的南亚热带，但早期稍凉，后期较热。地貌方面，在遗址形成之前是陆地环境，至其形成的早期，经过了"有淡水流入"而过渡到"滨海"；后期"离海远"了，但有"淡水流入形成有死水而成湖"。无疑，在此过程中，陆生资源对人们的谋生日显重

①　广东省文物考古研究所等：《广东龙川荷树排遗址发掘简报》，广州市文物考古研究所等《华南考古》2 第 204 页，文物出版社，2008 年。

要。通过对文化遗存的初步研究，村头先民的狩猎，除了捕获水鹿、水牛和斑鹿等大中型动物之外，还捕捉诸如老虎和豪猪之类凶猛的食肉类动物。其渔捞，除了捕捞淡水河与潮间带的螺和或贝类之外，还较多地获取栖于深海的软体动物；除捕捉日常常见的硬骨鱼，甚至有能力捕捉游动快速的软骨鱼①。特别是大量地饲养主要用于狩猎和食用的狗，以及与长期定居和农业经济有关的猪②。

向南村遗存位于深圳市南山区蛇口半岛的沙堤上，1996 年进行了发掘，属此时期较早的遗存。

屋背岭遗址位于深圳市南山区西丽镇的屋背岭山脊上，南距深圳湾约 8 公里。岭的东、西、北山面均分布有许多低矮的小山岗，东侧还有大沙河自东北向西南流入海湾，岭的南面至大沙河的北岸，坡度逐渐下降，是现在村舍的主要分布区。2001年底至次年初，考古工作者在此发掘了 1400 平方米，共清理墓葬 87 座、灰坑 8 座。发掘者将其中主要的 81 座墓葬分为三期，其年代相当于中国历史上的商代，即距今大致3550～3000 年间。此期间的 81 座墓葬共出土陶器 155 件，资料比较丰富。

下面将主要根据上述资料，以及我们补充采集和测试的陶器标本，探讨这一时段的陶器工艺和使用情况。出于此研究重点与遗存谱系为前提的基础性考古研究的差异，我们大致地分为早、晚两大群，较早的以东莞圆洲和龙川荷树排遗存为例，较晚的以东莞村头和深圳屋背岭遗存为主要研究资料，分别称为早段遗存和晚段遗存。

---

① 硬骨鱼类约有 25000 种，分布于各种水域，鲤鱼类包含几乎所有的淡水鱼，河鲈和金枪鱼类则构成硬骨鱼类中最大的类群。软骨鱼，口在腹面，有流线型的身体，游动快速，有力残暴，几乎全是生活在海水之中的食肉动物。在大约 550 种中，鲨鱼和鳐鱼是其主要代表。

② 娄欣利等：《村头遗址的资源与生计方式研究》，《南方文物》2009 年 3 期。

二、陶器工艺研究

（一）陶　　质

根据圆洲遗址地层堆积的具体情况，发掘简报将所获遗存分为三组叙述，基于本书的研究目的，我们把简报中的深灰色和灰白色陶器合并称为灰色陶器，橙红色和米黄色陶器合并称为橙黄色陶器，黑褐色和红褐色合并称为红褐色陶器，制作陶质陶色一览表（表3-1）。

阅读表3-1可获得关于陶质的信息是：第一组和第二组夹砂陶器的比例将近90％，第三组也超过50％。根据资料整理者的意见，第三组的年代略晚，因此可说，陶器的夹砂陶器比例颇高，但随着时间的推移有降低的趋势。

表 3-1　圆洲遗存陶质陶色一览表　　　　（单位:％）

陶系\比例\堆积单位	夹砂陶陶色				泥质陶陶色			
	灰色	橙黄	红褐	小计	灰色	橙黄	黑皮	小计
第一组	49.22	22.71	16.95	88.88	2.47	7.73	0.91	11.11
第二组	49.12	17.90	21.94	88.96	0.76	8.96	1.31	11.03
第三组	1.50	0.92	50.11	52.53	2.89	43.98	0.58	47.45

村头遗存的整理者选择了属于第一期的89DCH90和89DCH105，第二期的93DCH76，第三期的89DCH175共4个堆积单位的陶片进行了统计。基于本书的研究目的，我们调整了统计项目分类，即原粗砂陶器和细砂陶器合并为夹砂陶器，泥质软陶和泥质硬陶合并为泥质陶器，灰褐色陶器和褐色陶器合并为灰褐色陶器，灰色

陶器和灰白色陶器合并为灰色陶器，橙红色陶器和橙黄色陶器合并为橙红色陶器，制成表3-2。

表3-2　村头遗存陶质陶色一览表　　　　　　（单位:%）

陶系 比例 堆积单位	夹砂陶陶色				泥质陶陶色				
	灰色	灰褐	橙红	小计	灰色	灰褐	橙红	黑皮	小计
第一期 H90	51.0	23.6	7.8	82.4	9.7	7.9			17.6
第一期 H105	14.3	28.6	14.2	57.1	18.5	10.1	5.1	9.2	42.9
第二期 H76	32.4	5.5	12.6	50.6	12.0	0.6	17.8	18.6	49.0
第三期 H175	6.0	8.2	3.8	18.0	63.5		8.1	10.3	81.9

注：统计陶片量说明：第一期 H90 为 93 片，第一期 H105 为 615 片，第二期 H76 为 157 片，第三期 H175 为 326 片。

　　阅读发掘报告和表3-2可知关于陶质的情况是：属于第一期2个灰坑的夹砂陶器平均比例为69.8%；又根据发掘报告附表，H90的细砂陶为粗砂陶的2.8倍，H105为1.47倍。但考虑到H90的陶片统计量仅有93片，随机性较大，故可认为第一期夹砂陶器的比例65%左右；夹砂陶器中细砂陶约占65%。第二期的H76，夹砂陶器的比例约为50%，第三期的H175的不足20%，明显下降；后两期夹砂陶器中的细砂陶与粗砂陶器的比例相当。

　　综而言之，在距今4500年前后的一段时间，东江下游及河口的贝丘遗址的陶器，夹砂陶器的比例颇高，几乎达到90%；但其中羼和料的颗粒细小、排列较均匀的细砂陶比例较高，或可达65%。随后有所下降，至距今约3300年间，约占50%；其中细砂陶与粗砂陶的比例相当。再晚至晚商初期即距今约3200年间，夹砂陶器的比例或不足20%，细砂陶比例与粗砂陶的比例相当。

　　夹砂陶器比例的渐次下降，当与人们对陶器的功能选择有关。由于珠江三角洲的形成经历深水域→浅水域→"浦田"→陆地的几个过程。"距今4000年前后……

西、北江三角洲的滨线已推至顺德县龙江、都宁、西海，番禺县紫泥、沙湾、市桥、市楼、莲花山、化龙，广州东郊南岗一带。"[1] 也就是说，大致在距今 4300~4000 年间（或更晚近些），圆洲遗址所在的惠阳平原正在迅速形成，"浦田"逐渐变为陆地，陆地面积增大，陆上资源日渐丰富，致使人们的谋生活动更多地依赖陆地，提高了农业经济的成分而导致社会生活的变化，适应之乃泥质的盛贮器增多。同理，村头聚落的情况也是这样。此说的佐证是：龙川荷树排是远离河口的山冈遗址，其居民主要利用陆地资源以谋生，农业经济的成分甚高，而荷树排的"泥质陶占九成以上，余为夹砂陶。泥质陶有灰、灰褐、浅灰、橙黄、橙红等色，夹砂陶有灰黑、褐皮灰、灰、灰褐等，胎质皆较差"[2]。

细砂陶器比例的渐次下降，或与陶器原料的化学成分有关。华南理工大学应用化学系的杨兆禧先生曾对圆洲和村头遗存中的 7 件和 14 件陶器进行了物理化学测试[3]，其中 SiO_2 的平均含量比例分别是 64.68% 和 69.11%，这均远高于同为东江三角洲、但年代为其早或晚的咸头岭或横岭山陶器。众所周知，陶土中含硅量过高，当缺乏黏性，不利于陶器的成型和烧成，在无法提高窑温的情况下，唯有把陶土淘洗的更细腻些，自然也就产生了细砂陶器。然而，随着现在东江南岸的不断淤积，土层中的有机物也在不断增多，氧化硅的比例也就降低，陶土中的黏性也在增强，在提高泥质陶比例的同时，制作夹砂陶器的陶土也就不必过于着意去淘洗，因而我们今天看到的细砂陶器也就显得渐次下降了。

---

[1]　李平日等：《珠江三角洲一万年来环境演变》第 73 页，海洋出版社，1991 年。

[2]　广东省文物考古研究所等：《广东龙川荷树排遗址发掘简报》，广州市文物考古研究所等《华南考古》2，第 197 页，文物出版社，2008 年。

[3]　请参阅本书《附录一》和广东省文物考古研究所等：《广东东莞村头遗址附近报告·附录六》，文物出版社，2010 年。

（二）成型、修整、装饰

1. 成型和修整

总的来说，陶器的成型基本上是用泥条盘筑的手制和慢轮修整相结合的方法，部分为轮制：例如，圆洲陶器的"釜和罐的口部常留有数道旋痕，为轮修时所留"。屋背岭"带流罐的流是用手在罐的口沿上捏制出，形成一个'V'形略低于口沿的小流，有的器物上流的两边还留有捏压的指纹痕迹；折腹罐折腹以下饰有印纹，以上素面且留有修刮痕迹"。"带流罐的内沿，喇叭形圈足高柄豆的豆盘、高柄和圈足内壁上，大口尊的口沿和圈足上，轮旋痕迹明显"。村头陶器虽然只有个别小型器物为轮制，大部分是手制的，但由于在大中型有颈和口沿的陶器中观察到，器身部分远远不如颈、沿部位的造型更为规整，并留有细密的规整同心圆痕迹，可知器物的口颈、足等部位是轮修的。

同时较普遍地采用分段成型粘接的做法。例如："屋背岭釜和罐的口沿、圈足罐的圈足、矮圈足碗的圈足、有流带把罐的把手等，是与器身分别制作后再接合在一起的，接缝处平整；有流带把罐的把手与器身接合处用泥加固；圈足大口尊的口、圈足和器身，喇叭形圈足高柄豆的豆盘、豆饼和圈足也是分别制作后接合修整的，有的在接合处用泥条贴补加固一周形成一凸棱。"下面选取遗留痕迹较为清晰的村头陶器标本，详细介绍陶器成型和修整工艺的具体情况。

93DCT2411③A:21 为泥质大口尊的颈和口沿部分，据图 3-1，可将颈部视为一个单元，之上斜出的部分为另一单元。从图 3-2 中则可观察到两点，一是两个单元的断茬整齐，很清楚地表明两个单元是预先做好再粘接的；二是粘接处的外壁与凸棱之间存留着清晰的较光滑的空隙，表明为了保证粘接的牢固，又在粘接处的外壁外加一周泥条，为了美观再将此泥条湿抹成弧边三角形。进而言之，村头高颈宽沿的陶

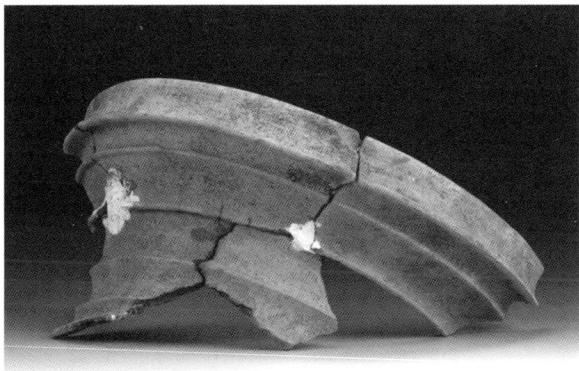

图 3-1 泥质大口尊

图 3-2 泥质小口尊

器，其颈、沿是预先做好再粘接的；颈、沿外壁的凸棱乃工艺纹饰和装饰纹饰的结合物。相对之，如 89DCT1009④:13（图 3-3）之类的矮颈窄沿陶器，上述的两个单元便无法区分，表明它们并非分段制成与粘接，而外壁的凸棱则主要起到装饰作用。

标本 89DCT0908④C:17 乃小口束颈圆肩罐。从图 3-4 可观察到，器颈视为一个单元，以下至肩部为一个单元。前者的形态圆而规整，并留下细密的同心圆痕迹，表明它是轮制或轮修的；又观察图 3-5 可知，上半部的痕迹是为了轧实陶胎所留下的陶拍痕迹，下半部是起到装饰作用的拍印叶脉纹，明显表明这一单元是手制而成的。进而表明这两个单元也是分别制成后再粘接的——这从图 3-6（89DCT1403④D:2）也可清晰地看到。

图 3-3 锈颈官沿陶器

图 3-4 小口束颈圆肩罐

图 3-5　陶拍痕迹

图 3-6　器颈与肩部粘接

再进一步比较图 3-1 和图 3-4 又可发现，前者粘接处用外敷的泥条加固，后者不但省去反而在此处抹以弧形的浅凹槽。这实际上也是有其特殊功能的：前者宽沿斜出，器颈又未可承担其较大的垂直压力，只能靠外敷的凸棱来承担；后者器颈的垂直压力，几乎全部作用于器肩顶端，而几乎垂直的器肩顶端支撑器颈的垂直压力，是轻而易举的，所以两个单元粘接处的处理可以更灵活一些。

标本 93DCF21②：32 是小口折肩凹底罐残存口颈、肩、腹部分。观察图 3-7 可知，它的口颈与肩两部分的形态与图 3-4 者相同，他们的成型和修整工艺也是一样的。图 3-8 是 93DCF21②：32 肩下端与腹上端的特写，从断面中可看到深浅两种颜色的陶胎，很清晰地表明近似于两面坡屋顶的浅色陶胎是外敷上去的。这种外敷折肩的做法在图 3-9（89DCT0806③D：7）也可见到；而图 3-10（89DCT0810③：18）所见到还是双折肩陶器。

假如再追寻一步，只要在小口束颈圆肩陶器的肩、腹部位外敷折肩部分，它们便变成小口折肩陶器了。深层的原因有多种，可能：其一，人们制作陶器的工艺比较成熟，总结出这样的做法从而使陶器的外观更丰富多彩。其二，村头居民群至少有两种不同的审美时尚，其中一种崇尚圆滑和弧线造型，多制作矮颈窄沿和小口束颈圆肩的陶器（图 3-3、4）；另一个崇尚苍劲和直线造型，多制作棱角分明的大口尊和折肩陶器（图3-1、7、10）。总之，外敷折肩的陶器制法，在先秦岭南考古学研究中是颇具典型意义，耐人寻味的。

图3-7 口颈与肩

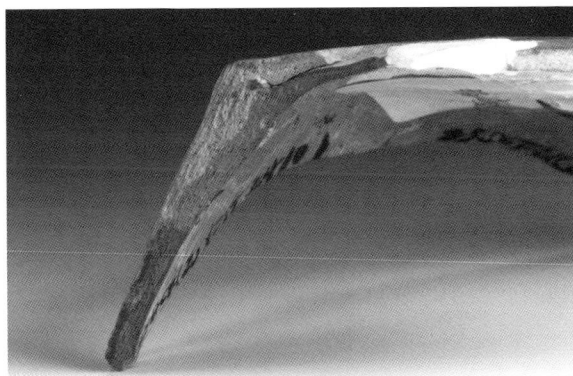

图3-8 肩下端与腹上端

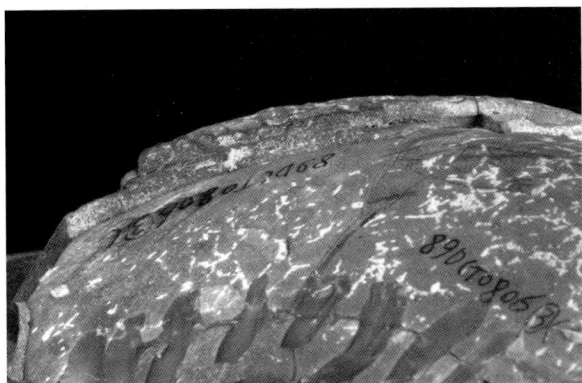

图3-9 外敷折肩

图3-10 双折肩陶器

村头陶器中诸如豆、盘、尊、圈足罐等圈足类器物比较发达，这类器物中的豆和盘的器足以上部分，其成型和修整工艺只是上已述及的尊和罐的简化而已，比较简单。这里仅关注器身与圈足的粘接。标本89DCT1306H34：2为小口折肩圈足罐的器足，从图3-11、12可清晰地了解到器

图3-11 器足

足是单独做好后再与器身粘接的，同时还在粘接部位压印曲折纹以加固；图 3-13（93DCT2112⑤:24）是折肩圈足罐的圈足，整个器物已经破残了但器足仍然粘连着部分器底，可见粘接之牢固。

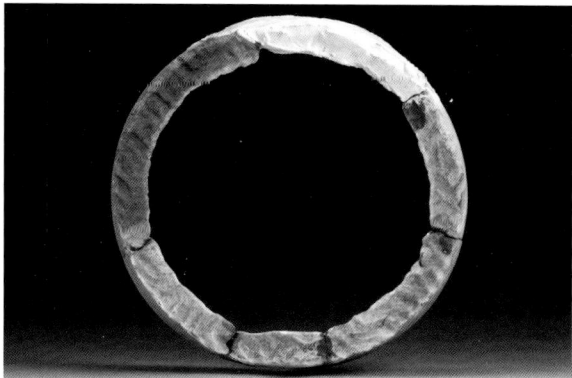 

图 3-12　器足　　　　　　　　　　　　　图 3-13　圈足

2. 修整和装饰

在探讨陶器工艺时，正如有时成型和修整难于截然分开一样，装饰和修整也同此；但本节的主要内容还在于装饰。

表 3-3 是村头 4 个比较典型的堆积单位的纹饰统计；其他三处遗存未作统计，但原始资料的描述如下。

圆洲第一、二组的夹砂陶器"纹饰以方格纹和富于变化的各种长方格纹居多，叶脉纹也有很多变化，且多与方格纹、长方格纹组合，泥质陶多为素面，另外还有少量的条纹、划纹、卷云纹和极少数的附加堆纹、曲折纹、绳纹等"。第三组"纹饰主要有交错绳纹、压印绳纹、方格纹、曲折纹。还有少量素面。组合纹饰中云雷纹多于曲折纹组合，另外还有极少数的叶脉纹、麻点纹、长方格纹、条纹等"。

荷树排陶器"除素面外，均以曲折纹为主要纹饰，此外，尚有曲折纹与方格纹、曲折纹与附加堆纹、曲折纹与菱格凸点纹、曲折纹与弦纹的组合，及方格纹、菱格纹、菱格凸点纹、梯格纹、圆圈纹、叶脉纹、弦纹、编织纹、条纹、附加堆纹、镂孔等"。

表3-3　村头遗存陶质纹饰一览表　　　　　（单位:%）

单位 比例 纹饰	夹砂陶				泥质陶			
	H90	H105	H76	H175	H90	H105	H76	H175
素面	45.16	25.37	8.92	0.61	12.90	18.70	26.75	37.73
曲折纹	20.43		16.56	4.29	0	0.65	12.10	4.60
绳纹	11.83	27.32	24.84	10.12	0			
凸棱纹	5.38				0			
方格纹			0.63	1.53	3.23	10.24	8.92	25.15
弦纹	1.08					2.28	0.63	
席纹		4.39		0.31				
X纹						0.49		
菱格纹				0.92		3.41		7.67
叶脉纹						7.15		6.13
条（篮）纹			0.63	0.31				0.61

注：统计陶片量说明，第一期H90为93片，第一期H105为615片，第二期H76为157片，第三期H175为326片。

屋背岭"夹砂陶以绳纹为主，泥质陶以叶脉纹、云雷纹、方格纹、多线菱格及其变体和组合纹饰为主"。泥质陶器纹饰"多为单一纹饰，有绳纹、梯格纹、叶脉纹、雷纹、卷云纹、大方格纹、方格纹、四线方格纹、单线菱格凸点纹、双线菱格凸点纹、三线菱格凸点纹、四线菱格凸点纹、三线菱格圈点纹、四线菱格圈点纹、单线菱格圆圈纹、三线菱格圆圈纹、方格乳凸纹、弦纹等。也见少量组合纹饰，有三线菱格圆圈纹和三线菱格凸点纹的组合纹饰、三线方格纹与双线方格勾形纹的组合纹饰、四线菱格圈点纹与五线菱格圈点纹的组合纹饰"。

村头陶器装饰中，除了各种母题单独使用之外，往往又组合使用，形成各种组合纹饰，有方格纹与弦纹、方格纹与条纹、方格纹与叶脉纹、菱格纹与曲折纹、菱格纹与叶脉纹、菱格纹与条纹、菱格纹与梯格纹、云雷纹与曲折纹、云雷纹与梯格纹、"X"纹与弦纹、指甲纹与弦纹等。

可见这一时期陶器装饰的特点有二：其一，4 处主要遗存均以素面、绳纹和几何印纹为主，并且几何印纹的式样也基本相似。其二，均比较流行"组合纹饰"——附加堆纹曾在较早阶段流行，如荷树排、圆洲和村头 H90，而后者又比前二者的年代稍晚则制作得更精致——可把凸棱纹饰理解为精致的附加堆纹。由于村头的凸棱纹饰在"成型和装饰"小节中已做过较详细的分析，因此，下文将借助村头的资料以阐述上述两个特点。

1. 几何印纹和其他纹饰的特征

村头通体素面的做法仅限于极少数的折沿鼓腹圈足罐，大量的素面器物为豆和圈足盘类，其他素面者多装饰在有肩类器物的肩部。也就是说，素面的做法实际上是使用于陶器成型过程中需要湿手抹泥的器物，或者是需要分段粘接的陶器部位，或者是器物表面积细小且较为隐蔽的部位。这既能让陶器器壁致密又能使其表面光滑，是容易理解的。下面详述比较流行的几种纹饰（图 3-14）。

绳纹基本上只施用于粗砂质地的釜和器座。在器物表面上滚动缠有草绳的短棍压印而成阴纹，有粗细不同，也许是为了更美观些，有些则有意施得很浅——这也从一个侧面说明，此时期在陶器成型过程中，轧实器壁的工艺比较早阶段陶器更为成熟，而绳纹正逐渐地由工艺纹饰向装饰纹饰转变。

曲折纹被认为是几何印纹陶较早阶段所流行的纹饰[①]；上述 4 处遗存的基本情况

---

① 赵善德：《虎头埔文化与岭南考古研究》，见广东省文物考古研究所等《揭阳考古》，文物出版社，2005 年。

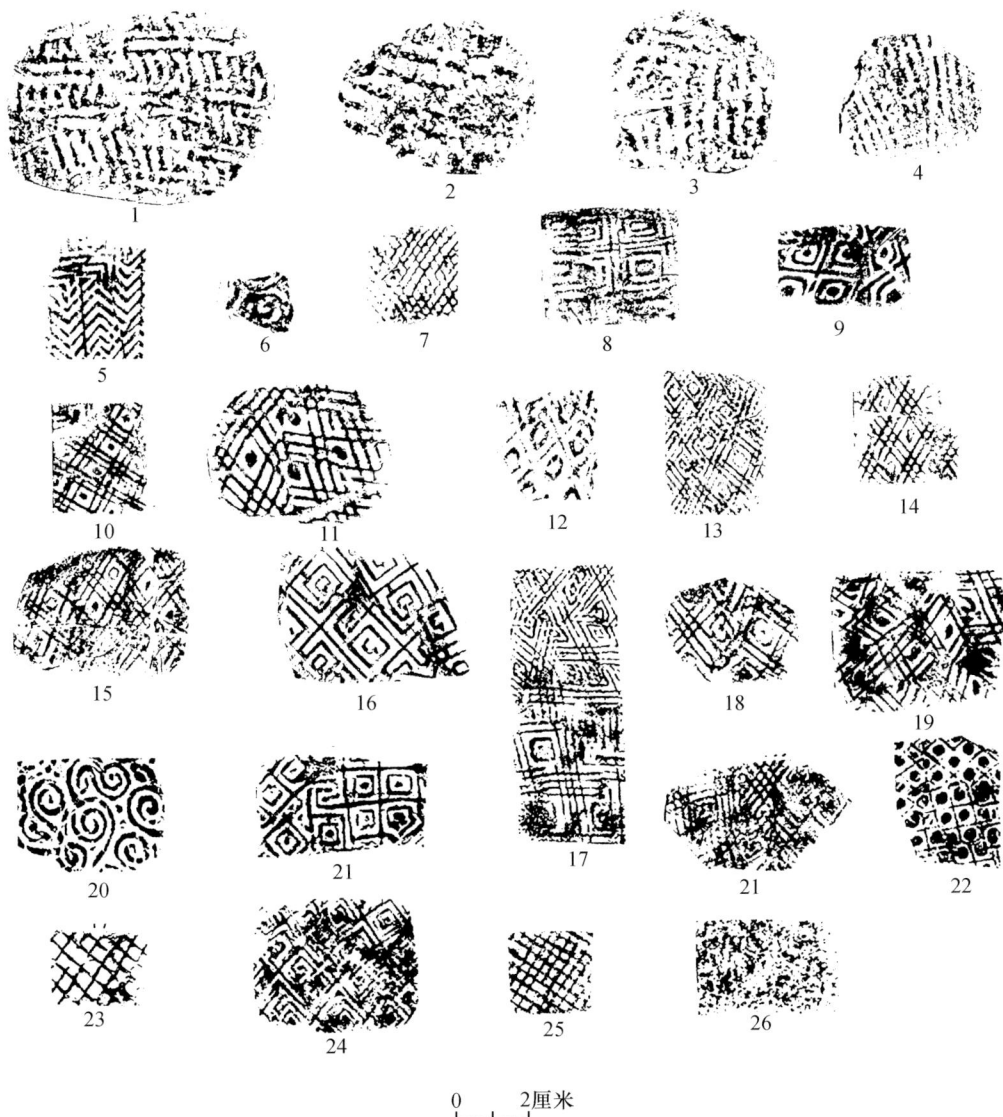

图 3-14　纹饰（采自《考古学报》2004 年第 3 期，第 343、347 页）

1. 梯格纹（M045：4）　　2. 大方格纹（M045：1）　　3. 绳纹（M002：1）　　4. 绳纹（M008：2）　　5. 叶脉纹（M001：2）　　6. 卷云纹（M063：0）　　7. 方格纹（M040：2）　　8. 四线方格纹（M044：2）　　9. 双线菱格凸点纹（M023：2）　　10. 三线菱格凸点纹（M008：1）　　11. 口线菱格凸点纹（M041：1）　　12. 单线菱格目圈纹（M051：3）　　13. 三线菱格圈点纹（M040：3）　　14. 三线菱格圆圈纹（M030：1）　　15. 三线菱格圆圈纹和三线菱凸点的组合纹饰（M042：1）　　16. 三线方格纹和线方格勾形纹的组合纹　17. 四线菱格圆圈纹五线菱格圆圈纹的组合（M056：2）　　18. 三线菱格圈点纹（M068：2）　　19. 三线菱格凸点纹（M052：3）20. 卷云纹（M052：1）　　21. 双线方格凸点纹（M028：1）　　22. 口线菱格凸点纹（M022：1）　　23. 方格乳凸纹（M076：1）　　24. 大方格纹（M031：1）　　24. 雷纹（M075：1）　　25. 绳纹（M058：1）　　26. 圈点纹（M051：4）

也有所反映①。村头的曲折纹常饰于各类泥质或夹细砂的罐、釜类器物表面，也个别见于夹砂粗陶器物上。曲折纹乃用表面刻划有曲折纹的陶拍拍（压）印而成的、水平排列于器表的、成组弯折线段形纹饰；有粗细和间距大小之别，或粗细相间；大多为硬折角，极少呈弧形折角。

叶脉纹也是较早阶段多见的纹饰。拍印阳纹，常见于各类罐、釜类的表面。村头的叶脉纹种类较多，既有一条主脉的，也有 2 条或 3 条的；侧脉或倾斜或平直；有些甚至还印有细脉；有的作水平方向排列，有的作垂直方向排列，有的略为倾斜；有一例将轮廓做成叶子形，内填主脉和侧脉线，当为较原始的造型。

方格纹和菱格纹均为拍印阳纹。若干道平行阳纹与另外若干道平行阳纹相交，所形成的封闭图形是正方形叫方格纹，是矩形叫长方格纹，是菱形叫菱格纹。如果封闭图形中还有凸点，就叫做方格凸点纹等；如果这"道"阳纹是 2（或 3）道较细密的阳纹组成的，就叫做双线（或三线）方格纹等。这两种纹饰大多施用于尊、罐类器皿；但夹砂粗陶器表的方格纹相对疏朗，泥质陶上的相对细密。方格纹和菱格纹，尤其是双线或三线者相似于竹编器中十字编法所形成的纹样，因此或可认为它们源于对竹编器纹样的模仿②；若此，方格凸点纹等，则是在原来基础上的创意之作。

席纹有两种。一种是拍印阳纹。由若干组 4 ~ 5 道短促平行的阳纹与另外若干组

---

① 除了表 3-3 和上述 3 处遗存对纹饰的描述比较之外，还可参考村头发掘报告，其中有此描述：通常使用这种组合纹样装饰的器物相对年代较早：豆圈足上同时使用凹弦纹和"X"纹或指甲纹，圈足罐器身装饰以篮纹和席纹的组合纹样、圈足罐的腹部有一周云雷纹，其下组合以曲折纹，高领鼓腹圈足罐的肩部有一周短条纹其下组合方格纹等。

② 李岩：《珠江三角洲地区先秦几何印纹观察点滴——竹铜器纹样于陶器的几何形纹饰》，见中山大学人类学系等《边疆考古与民族考古学集刊》（第一集）第 45 ~ 54 页，文物出版社，2009 年版。

作直角排列而形成，类似于现代草编席子的纹样。这见于各类夹细砂罐类器物的器壁上。另一种阳纹较浅并且其纹路没有断开，见于器物的底部，当为制作陶器时，器底所垫竹编或草编席子所留下的印痕。

条纹与篮纹也是拍印阳纹。成组平行排列的、短促的阳纹叫条纹；相对较长称为篮纹。见于夹细砂质地罐类器物表面。

云雷纹也是用陶拍拍印而成的，其形状犹如 1 道阳纹从内向外环绕延伸出来。由于纹样与商晚周初青铜器上的地纹相同，人们也就沿袭青铜器的称谓而叫做云雷纹。作弧线环绕的可称为圆形云雷纹，作方角折线环绕出来可称为方形云雷纹。这种纹饰多见于各类泥质罐、尊和夹细砂质地罐类器物表面。

弦纹是水平环绕器壁 1 周的、微微凸起的弧形纹饰。它是在轮修陶器时，湿手抹低了纹饰上下而成的，而附加堆纹是在器壁另加 1 周泥条，再湿手抹润接茬而成的，因此弦纹是装饰纹饰。弦纹通常只作为栏框使用，类似于后世瓷器中的开光装饰。

"X"纹和指甲纹均为戳印阴纹。指甲纹即"X"纹的一半，见于盘豆类器物表面。

圈点纹是戳印阴纹。一般排列成行于器物口沿部位。

刻划阴纹有方格状和卷云等。方格状的是烧制前刻划的，卷云状的则是烧制后刻划的。

2. 关于组合纹饰

组合纹饰即 1 件陶器上有 2 种以上的装饰纹饰，其纹样已如上述。组合纹饰有两类：第一类，同一器物的不同部位，其纹样不同。这类组合纹饰占大多数，并多见于个体较高大的、立体造型的琢器上。第二类，同一器物的相同部位，其纹样不同。例如，圈足器的圈足上同时使用凹旋纹与"X"纹和指甲纹；或者圈足罐器身间饰以篮纹和席纹；或者圈足罐的腹部饰 1 周云雷纹后，再于其下饰以曲折纹；高领鼓腹圈足罐的肩部饰 1 周短促条纹后，又在下方饰有方格纹等。在村头遗存中，装饰着第二类组合纹饰的器物，一般相对年代较早。

（三）陶器的烧制

1. 烧成温度和烧成气氛

华南理工大学公共管理学院的科技工作者，曾对圆洲和村头 2 处遗存陶器做过测试，我们将其成果汇总成表 3-4①。下面对其进行分析。

（1）关于烧成温度

表 3-4 中的圆洲 6 件标本，98DSYT0203③：CS0012 的烧成温度为 1020℃，另 1 件为 950℃，其余 4 件均为 920℃。98DSYT0203③：CS0012 为夹砂罐口沿残片，所夹砂粒中等大小，器壁表面呈砖红色，腹部饰叶脉纹，断面呈深灰色，硬度较高，肉眼观察其结构较为致密，说明其测试结果是可信的。但在全部遗存中类似于此者，毕竟是少数，因此只能说圆洲陶器的烧成温度一般在 920℃左右。年代上较圆洲为晚的村头遗存，所测试的 14 件标本中，有 3 件为 980℃，5 件为 950℃，其余 6 件为 920℃。说明村头陶器的烧成温度略高于圆洲者。

影响陶器烧成温度的因素大致有如下几种：

其一，燃料的质量。虽然此时期烧制陶器的燃料均为木柴，但仍会有质量之别，比如油脂和固定碳含量高的木柴（如铁力木、荔枝木、海棠木之类）则为高质量者；但是，不能认为烧窑的木柴均为此类，而应是多为一般木柴，故燃料的质量对此时陶器的烧成温度影响不大。

---

① 表中标本的编号前带有"＊"者见本书《附录一》，其余见《村头发掘报告》。

表3-4　圆洲和村头陶器标本烧成工艺和物理性能情况

遗址	标本出土单位和编号	烧成工艺、物理性能			
		烧成温度（℃）	烧成气氛	吸水率（%）	硬　度（莫氏）
圆洲	＊98DSYT0302④/CS0007	920	先还原后氧化	22.42	4
	＊98DSYT0302④/CS0008	920	先还原后氧化	13.74	5
	＊98DSYTO302③/CS0009	950	氧化	6.64	5
	＊98DSYT0302③/CS0010	920	先还原后氧化	16.17	5
	＊98DSYT0103③/CS0011	920	还原	14.39	5
	＊98DSYT0203③/CS0012	1020	氧化	8.12	4
村头	＊89DCG8③/CS0013	920	还原	15.26	4
	＊89DCT0907③/CS0014	920	还原	16.20	4
	89DCT0808H10: CT-01	980	还原	14.94	3
	89DCG8②a: CT-02	950	还原	13.95	3
	89DCT1105③Aa: CT-03	950	还原	15.29	4
	89DCT1507-8⑤A: CT-04	950	还原	14.80	4
	93 DCH067a: CT-05	920	还原	9.91	3
	93 DCT1217H016a: CT-06	920	还原	7.40	4
	89DCT0408G6a: CT-07	920	还原	7.07	3
	89DCT0710H090a: CT-09	920	还原	13.65	3
	89DCT0707③Aa: CT-12	980	还原	12.26	4
	89DCT0804③Aa: CT-13	950	还原	11.13	4
	93 DCT1814H22a: CT-14	950	还原	11.96	3
	89DCT1004⑤Aa: CT-15	980	还原	11.09	3

其二，陶器原料即陶土中所含有机物的情况。一般，在人们尚未懂得通过窑门鼓风或烟囱抽风来调节空气供应量，以有意利用还原焰烧窑的此时期，有机物较少和硅、铝、铁等无机物含量较高，也即黏性低、吸附性弱、较难成型的陶土制作的陶坯，其陶器的烧成温度不会低于窑温。相反，利用富含有机物的陶土制作的陶坯，其陶器的烧成温度会略低于窑温。虽然圆洲和村头均处东江三角洲，但圆洲的贝丘

属于岗丘型，周围土壤以河相沉积相为主，含有机物较少；相反，村头贝丘属于山麓连岗型，周围土壤河相沉积相与陆相沉积相互相交错，故内含有机物略多，若随意掘取陶土制陶，则对陶器的烧成温度会有负面影响，但对村头标本的测试结果却表明，村头的陶器的硅、铝、铁含量比例仍略高于圆洲者（表3-5），这说明村头窑工对陶土有了相当的认识。如果说，村头的陶器烧成温度略高于圆洲者，这是其中原因之一。

表3-5　圆洲和村头陶器硅、铝、铁含量比例一览①（单位:%）

比例　　元素　遗址	SiO_2（硅）	Al_2O_3（铝）	Fe_2O_3（铁）
咸头岭	52.88	26.40	3.33
圆　洲	64.68	17.85	3.27
村　头	69.07	17.82	3.70

其三，燃料是否完全燃烧。要使燃料完全燃烧，必须做到三点：①保证充足的空气供给，并保持一定量的过剩空气；②确保燃料与空气均匀地混合；③烧窑技术，即整个燃烧过程的时间长短与是否在持续高温度下烧窑。上述三点中的前两点与陶窑有关，下文再详述。最后一点则涉及烧窑技术水平，即烧窑时，若能根据陶坯的干湿情况，掌握好预热时间，之后尽快提高窑温，并保持猛火直至陶器烧结。考虑到村头的陶器，时间上略晚于圆洲者，而烧成温度略高于彼，究其原因应在于烧窑技术的提高。而检测到圆洲98DSYT0203③: CS0012的烧成温度为1020℃，也就可以得到合理的解释了：个别陶坯置于窑门附近，在烧窑的整个过程中，能很快地、自始至终地获得高温，故其烧成温度高；其他大部分陶坯并非如此，故其烧成温度较低。

---

① 该表资料来自本书《附录》和《村头发掘报告》。

（2）关于烧成气氛

在表 3-4 中，圆洲 6 件测试标本的烧成气氛分别为：3 件"先还原后氧化"，1
件为还原焰，2 件温度较高者为氧化焰；村头 14 件测试标本是清一色的还原焰烧成，
这是需要说明的。一般的理解，氧化焰烧成，是在烧窑的全过程中，窑内一直保持
有充足的氧气助燃。这样，陶坯中呈红褐色的氧化铁（Fe_2O_3）没有被还原，因此其
陶器显现红褐色。还原焰烧成，是在烧窑临近结束时，有意识减少窑内的氧气使窑
内缺氧，导致火焰需从陶坯中寻找可供继续燃烧的氧气；因为这样的燃烧不充分，
陶坯中所存有的、不完全燃烧的还原性气体如一氧化碳等，就会形成黑烟及其微小
炭颗粒，并逐步渗入陶器的表层，因此其陶器呈现青灰色乃至黑色。然而，标本测
试者是这样解释"先还原后氧化"的："其中部分标本坯体夹层呈黑色和灰黑色的夹
心层现象，是当时烧制工艺控制气氛不当引起的，烧制前期柴火燃烧不完全，气氛
乃还原焰，此时，泥坯中间的有机质成分未能得到完全的氧化而呈现黑色和灰黑色，
到烧窑后期，柴火燃烧因各种原因而完全燃烧，氧气通过窑口进入，但氧化时间不
足，窑口附近器物表面氧化完全，形成表面层白色，而中心夹层却因氧化时间不足
而呈黑色和灰黑色，形成先还原后氧化现象。"可见，表 3-4 中的还原气氛，并非
"有意识地使窑内缺氧"所致，而是"烧制工艺控制不当"造成的——这种不当，
很可能是烧窑时，低温预热时间过长而高温烧成时间又太短。测试者所说的"坯体
夹层呈黑色和灰黑色的"陶器，恰如考古学界所说的"夹碳陶器"。进而言之，测试
者所说的还原焰只是就陶器的测试结果来说的，但对远古的烧窑技术而言，还原焰
与氧化焰不但没有区别，反而是前者比后者更显得落后一些；只有极少数的渗碳黑
陶体现了当时窑工对还原焰技术有了初步的认识。

2. 关于陶窑

在没有发现窑址的情况下，我们只能根据上述的分析做出尽量合理的推测。鉴
于圆洲与咸头岭陶器的烧成温度，以及陶土、硅、铁铝含量比例都大致相近，因此，

其陶窑也应基本相似。既然，圆洲 98DSYT0203③: CS0012 的烧成温度为 1020℃，并且其表面也显得坚硬和洁净，远古窑工总能在这偶然中不断总结而逐渐改进陶窑的结构——这可能在村头陶器中有所反映。

如上所述，村头与圆洲陶器的化学成分，以及烧窑的燃料质量等条件都是相近的，而村头陶器的还原焰烧成，是因为"低温预热时间过长而高温烧成时间又太短"所致，因此从理论上说，它的陶器的烧成温度应当低于圆洲者，但测试结果却是相反。那么，其中的原因是什么呢？只能是窑室结构。上文涉及过，要使燃料完全燃烧三个条件中的两条——保证空气供给充足以及确保燃料与空气均匀地混合——村头的窑室应该是能够达到基本要求了；否则它不可能利用所谓的还原焰烧成的陶器，竟比圆洲利用氧化焰烧成的陶器的烧成温度还要略高一些。

什么样的窑室能够达到"空气供给充足和确保燃料与空气均匀地混合"的基本要求呢？就此问题，我们专门请教了陶瓷厂的老师傅：首先窑室要建造在特别通风的高地，窑门要向着来风。如果是古代直焰式的馒头窑，窑室应略成袋形，窑室底直径 1.2 ~ 1.5、室高约 1 米为宜，窑室壁最好是用有机物含量低的泥土涂抹，让其热量能够辐射回窑室。火膛宽约 0.5、高约 0.7 米，约作 20° 的倾斜纵深至窑室后壁的位置，若太陡，最里头高度不够，太缓，则受风不够。窑算火道以双道叶脉形为好。这样既可充分利用热能，又能使窑室各个部位的温度均匀。装窑时除了陶坯之间要保持一定的间距之外，还要特别注意火焰流动畅通，一般是"疏边密脊"即窑室中间的陶坯密，四周的陶坯疏；当然也要注意纵向和上下的火焰畅通。烧窑第一步是低温预热，即在 5 个小时内，将窑温缓慢地升至 300℃，温度急升或太高，陶坯容易开裂。尤其要注意的是，此时窑内空气一定要充足流畅，否则陶坯中的有机物会"闷"在里头。然后在 8 个小时内逐渐地将窑温升到最高。再高温烧 3 个小时，陶器即可烧结；过程中，若觉得窑室中哪个部位火焰不青（温度不够高），可向那里投放一些小块的木柴以助燃。

三、陶器使用研究

陶器器类在较早时期比较简单，例如龙川荷树排第一期"常见器类有罐、豆和纺轮"，东莞圆洲"器类以绳纹釜、折肩罐、豆为主"。较晚时期的则复杂多样，深圳屋背岭虽是墓葬遗存，但"器类有釜、罐、豆、碗、钵、尊、杯、器座、纺轮"，东莞村头是聚落遗存，器类主要有釜、各类罐、尊、钵、圈足盘、豆、杯、器盖、器座、支脚、陶垫、纺轮和陶饰物等。这首先即可看出，较早阶段的生活用器只有炊煮的釜、贮藏的罐和盛装的豆，而屋背岭和村头的陶器，与之不同的是：第一，在功能上与较早阶段相同的炊煮器、贮藏器和盛器，更为复杂多样；第二，增加有一定数量支撑炊煮器的支脚和器座以及陶垫和陶饰物等。

（一）功能相同但早晚形态有异的陶器使用分析

1. 陶罐

屋背岭可复原的 36 件罐即可分为五型，其中的 A 型和 B 型还可再分为三个和四个亚型，也就是说在 36 件罐中，即有 15 种一目了然的样式。村头的陶罐可多分为 17 型（图 3-15）：广口广肩圈足罐，小口直领鼓腹圈足罐，小口直领圆肩圈足罐，高领鼓腹圈足罐，折沿鼓腹圈足罐，敞口窄肩深腹圈足罐，小圈足罐，广口折肩凹底罐，小口双折肩凹底罐，小口直领折肩凹底罐，小口直领圆肩凹底罐 A、B 型，直领鼓腹凹底罐，矮领垂腹凹底罐 A、B、C 型，釜形罐。

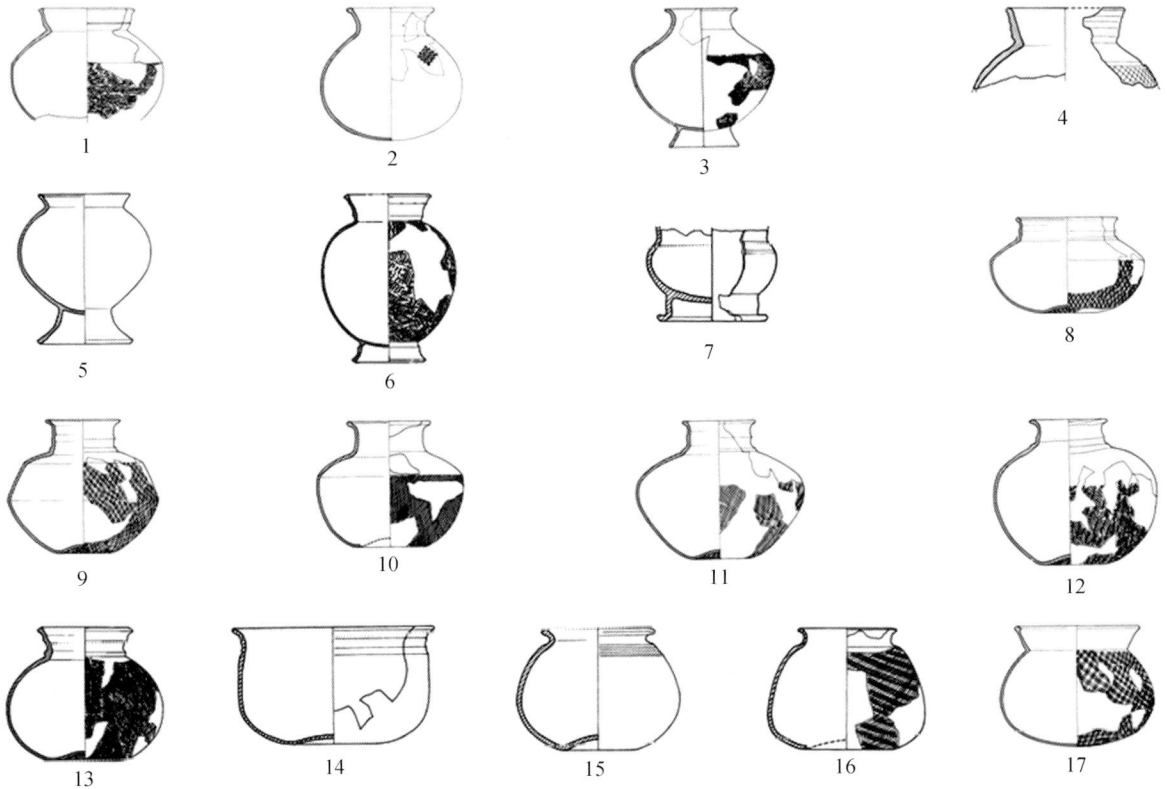

图 3-15　陶罐（采自村头发掘报告）

1. 广口广肩圈足罐　2. 小口直领鼓腹圈足罐　3. 小口直领圆肩圈足罐　4. 高领鼓腹圈足罐　5. 折沿鼓腹圈足罐　6. 敞窄肩深腹圈足罐　7. 小圈足罐　8. 广口折肩凹底罐　9. 小口双折肩凹底罐　10. 小口直领折肩凹底罐　11. 小口直领肩凹底罐　12. 小口直领肩凹底罐　13. 直领鼓腹凹底罐　14. 矮垂领腹凹底　15. 矮领垂腹凹底罐　16. 矮领垂腹凹底罐　17. 釜形罐

虽然罐的样式繁多，但大多为泥质或夹细砂者，可知它们是用于贮藏的。因此，从贮藏功能考察，所有的罐，首先可以分为圈足罐和凹底罐两大型。然后再依据罐的口部大小，分为小口罐和大口罐。因为道理上，口小、深腹的圈足罐，若贮藏小颗粒容易滚动的固态物体，既容易装进去也不难倒出来而又具有良好的密封防潮效果。若较大块状的固态物体，存放在大口、浅腹的罐里较方便使用一些。

根据《村头遗址陆生脊椎动物遗骸分析》（黄蕴平、张颖），村头可供鉴定到种属或骨骼部位的动物标本共 3377 件。种类有水鹿、斑鹿、麂、小型鹿、水牛、猪、狗、虎、大灵猫、野猫、豪猪、犀牛、象、鸟、龟、鼋和鳖等，最少代表287个动物个体。其中家畜有狗和猪，数量占总数的54.1%，其他动物都是狩猎捕获的野生动物①。此外，村头还发现大量水生动物的遗骸，其中部分无脊椎动物标本经中国科学院动物研究所刘月英研究员鉴定，有8科9种。其中，美女蛤生活在沙质潮间带至水深40米左右；角犬齿螺生活于潮间带低潮区或稍深的浅海岩礁海底；红螺生活于浅海数米水深的沙泥质海底；笔螺生活于潮间带至潮下带水深400处；其他软体动物主要生活在潮间带或浅海区②。另，大部分脊椎动物未经专门家鉴定，但确知部分为硬骨鱼类，部分为软骨鱼。由此可见，村头先民的狩猎，除了捕获水鹿、水牛和斑鹿等大中型动物之外，还捕捉诸如老虎和豪猪之类的、凶猛的食肉类动物。其渔捞，除了捕捞淡水河与潮间带的螺和或贝类之外，还较多地获取底栖于深海的软体动物；除了捕捉日常常见的硬骨鱼，甚至有能力捕捉游动快速的软骨鱼③。特别是，大量地饲养主要用于狩猎和食用的狗以及与长期定居和农业经济有关的猪。

进而言之，村头乃至屋背岭先民，他们可以有几类食物是需要贮藏的：一是诸如晒干了的谷物和薯芋等淀粉类食物，这些食物往往要贮存一年，并且绝对不可受潮，因此应当利用口小、深腹的圈足罐来贮藏。二是偶然哪次狩猎或渔猎收获量很

---

① 关于猪，鉴定报告是这样描述的：可鉴定标本数755件，最小个体数89个，分别占总数的22.4%（NISP）和30.9%（MNI）。鉴于村头遗址发现的猪，数量多，猪的死亡年龄以M3未出的未成年为主，约占61.7%，猪的性别以雌性为主，牙齿的LEH发生率高，推测可能有一部分是家养的猪，但也存在有一些狩猎捕获的野猪，因而存在有一些3岁以上的猪。同一年龄组内猪的牙齿磨蚀程度的差异也可能说明存在有野猪。

② 参中国科学院中国动物志编辑委员会主编：《中国动物志·软体动物门》，科学出版社，2001年。

③ 硬骨鱼类约有25000种，分布于各种水域，鲤鱼类包含几乎所有的淡水鱼，河鲈和金枪鱼类则构成硬骨鱼类中最大的类群。软骨鱼，口在腹面，有流线型的身体，游动快速，有力残暴，几乎全是生活在海水之中的食肉动物。在大约550种中，鲨鱼和鳐鱼是其主要代表。

大，需要贮存诸如各种海生和陆生的动物干货，这类食物往往是较大块状，存放的时间也不会很长，可存放在大口、浅腹的圈足罐或凹底罐里。三是一些植物或动物的腌制品，这些可用大口、深腹的罐来腌制或贮藏。易言之，较晚时期样式繁多的陶罐的出现，是与当时的生产力发展水平与生活方式密切相关的。

2. 陶釜

按理，这种最为实用的器物，其样式应是比较简单的，但屋背岭的22件，仍可分为三型。村头的釜可分为：钵形釜A、B、C型，束颈釜，直领釜A、B、C型，粗砂宽沿釜A、B型，细砂宽沿釜A、B型，窄沿釜，盔形釜，共13种样式（图3-16）。村头的资料整理者观察了夹粗砂陶质的窄沿釜、钵形釜和夹细砂陶质的盔形釜、宽沿釜，其器物上均留有烟炱，无疑，这些釜都是炊煮用的。但是，怎样炊煮，炊煮何物，或有所不同。

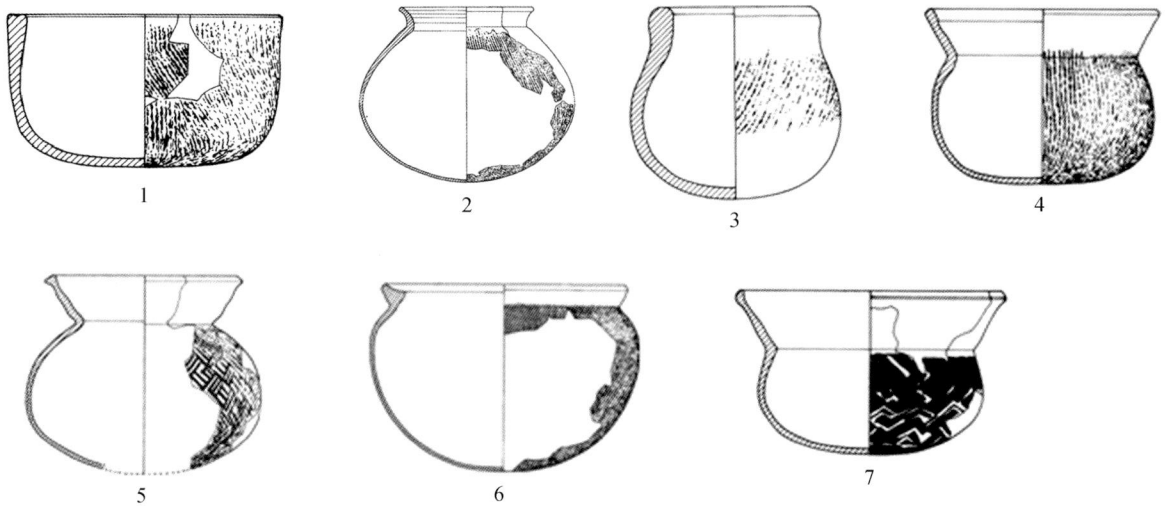

图3-16　釜采自村头发掘报告

1. 钵形釜　2. 束颈釜　3. 直领釜　4. 粗砂宽沿釜　5. 细砂宽沿釜　6. 粗砂窄沿釜　7. 盔形釜

有些夹粗砂陶质的窄沿釜的烟炱，集中分布在器物最大径以下至底部的区域，烟炱的形状为环绕腹部呈条带形；并且烟炱的形状和分布范围与个体大小关系不大。

推测这种釜是以最大径的外壁一周，无缝穴地、均匀紧密地卡在灶口上使用的，釜的最大径以上是无法接触到火焰和烟熏的。我们知道，这样灶膛里的空气不流动，柴火是无法燃烧的，所以这样的灶，其后面必须做有排烟口。

有些夹细砂盆形釜的烟炱，一般见于腹部与器底结合部，但不见于器底；有些甚至烟熏至领部，但这烟熏的部分只限于3个不相连接的纵向扇形部分，即与之相连的3个扇形部分是没有烟炱的。可知在炊煮过程中，这种釜最大径的外壁的3个面，无缝穴地、均匀紧密地卡在灶口内凸的3个面上使用，并且釜、灶相对固定，甚至也不经常把釜搬离灶面。由于这样的釜、灶配合较好，灶的后面不备有排烟口，灶膛内的空气也很通畅，柴火燃烧充分，釜底是不会被熏而留下烟炱的。

既如上述，也就可知，这两种釜与灶应是相对固定地配合使用。若此，这样的釜所炊煮的食物也可能就是经常食用或比较固定的了。在以狩猎、渔猎和采集为主，农业和饲养业为辅助的经济社会里，什么样的食物是经常食用或比较固定的呢？目前尚难有实证。

相对而言，有些夹细砂陶质的宽沿釜的烟炱，还漫熏至器物的领部，以及腹部最大径附近周围，漫漶分布；器底烟炱较少。说明了釜的最大径以上是可以接触到火焰和烟熏的。故可推测这种釜最大径的外壁，只是卡在灶口内壁上内凸的3个或4个支撑点上使用的；甚至没有固定的灶，只要备有诸如陶支脚或石块之类的支点支起陶釜，即可炊煮食物。当然，这种釜与"灶"的使用，以及所炊煮的食物就不是相对固定的了。有些夹粗砂陶质的钵形釜的烟炱，一般见于腹、底结合部至器底部位，它的炊煮过程当与夹细砂陶质的宽沿釜相同；由于这种釜是直壁的，最大径一般在腹、底结合部，因此其上部不会接触到火焰和烟熏而被熏有烟炱。

3. 陶尊

这是较早阶段没有见到的器物，较晚时期则比较流行。村头有57件5种样式，屋背岭是墓葬遗存，仅出土2件，但也有2种样式（图3-17）。这些陶尊的造型颇有中原夏商大口尊的风格；而那些领口高阔，重心靠下者，给人予沉稳而富有张力的感觉；但以功能视之，这种陶器用于盛放食用水，过于可惜而不太可能，因此只能是存放短期存储的、或是经常取用的固体食物。但无论如何，这种形态的尊的流行，要么是受到中原夏商文化的影响，要么是新的造型审美风尚的开始流行，故可言，较晚阶段的陶器已经蕴含了精神文化的要素。

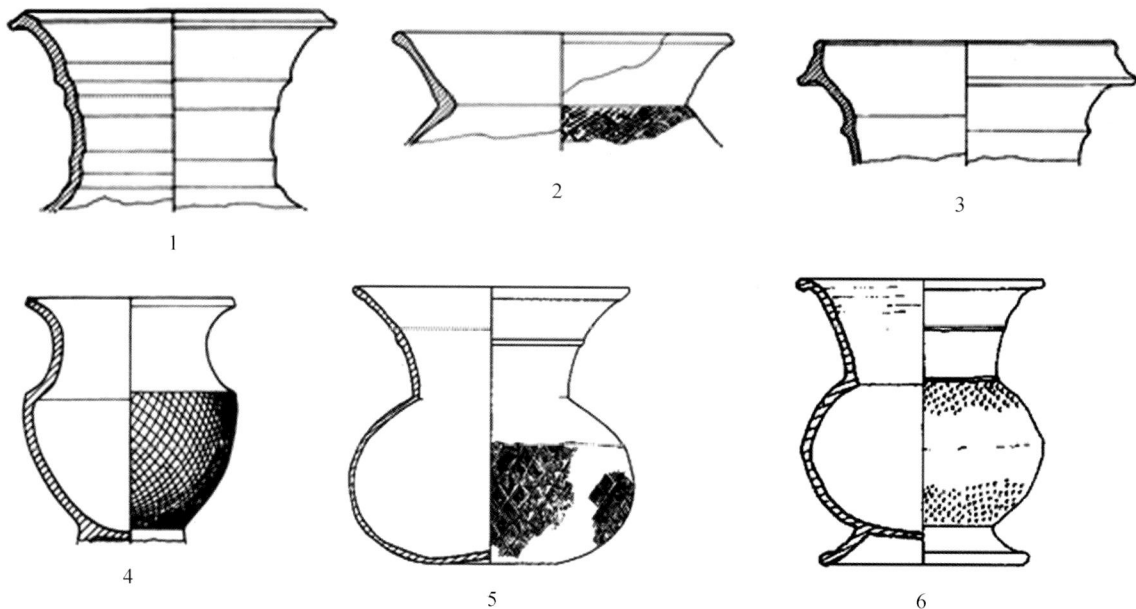

图 3-17　尊

1～4. 采自村头发掘报告　5～6. 采自深圳屋背岭发掘报告

4. 盛器圈足盘豆类

这类器物在"前几何印纹陶"中，也是比较流行的。但是，屋背岭 23 件中有 4 种样式的夹砂豆和 2 种样式的泥质豆；村头的豆也有 78 件，包括碗形豆、钵形豆、盆形豆、折沿豆、盏形豆和大敞口高把豆 6 种样式，以及钵形盘和浅盆形盘 2 种样式 90 件的圈足盘（图 3-18）。可谓数量多，样式繁杂，表明它们与人们的社会生活关系密切：如上文所涉及，村头聚落已经进入初始农业经济社会，那么人们在日常用餐时，或时有主食副食之分；但是考虑到这里出土的端食器碗钵类极少，即使主食副食部分，也可认为有些圈足盘豆类陶器是用于端食的，尤其是那些圈足盘和碗形豆、钵形豆等——若深腹的釜里煮着若干蛋白类食物，大家分吃，陶器发达了，免于掉渣或烫手，也可舀到各自的端食器里食用。然而，此类陶器的样式如此繁杂，让我们油然想起："笾豆有楚，殽核维旅"［《诗·小雅·宾之初筵》：盛放着竹编的和陶质（或青铜质）的果品和菜肴高足盘，行列清晰地陈放着，招待席地而坐的客人］。联系到村头还出土有被公认为与礼器有关的5件石质和9件骨角质璋器，又可进一步想起："笾豆之事，则有司存"（《论语·泰伯第八》：祭祀和礼仪的事情，自有主管此事的官吏负责）。因此，此类陶器或与某种原始宗教活动有关——在第二章中已有论及，带有特定形象的彩陶圈足盘，或已有此功能。

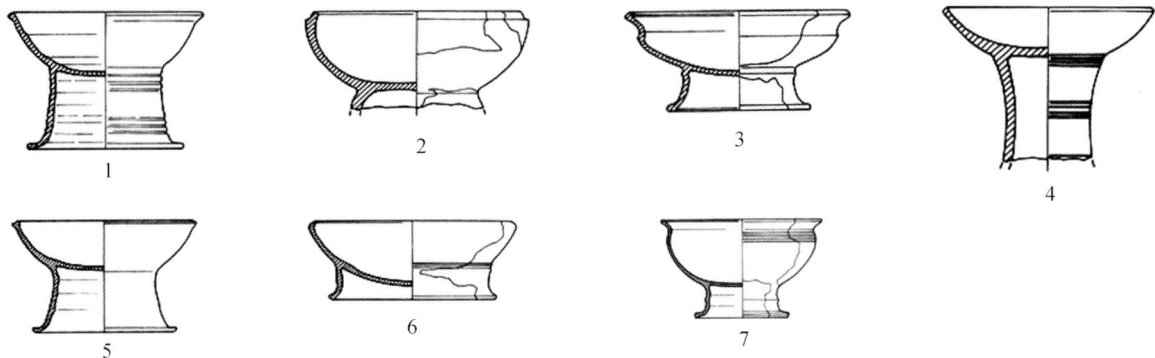

图 3-18　盘豆（采自村头发掘报告）

1. 碗形豆　2. 钵形豆　3. 盆形豆　4. 盏形豆　5. 盏形豆　6. 圈足盘　7. 篙形器

（二）器类相同但早晚数量变化的陶器使用分析

1. 支撑炊煮器的支脚和器座

实际上，较早阶段的圆洲和荷树排遗存中未见有此类器物的报道，也可能出于发掘面积所限而没有发现，因为"前几何印纹陶"的遗存中，出有此器类。不过村头遗存共出土此类陶器45件，表明其比较流行，故置此述之。首先要说明的是，早晚两个阶段此类器物的总体功能是相同的，即均为支撑炊煮器所用；但具体细节或有区别：因为根据上文分析村头陶釜的烟炱得知，有两种釜是与对应的灶相对固定地配合使用，炊煮经常食用或比较固定的食物，而另外两种釜却非如此。若然，村头出土较多的支脚和器座，它们当与后两种釜相配合使用而不定时炊煮非经常性食物。

2. 陶垫

3件陶垫实乃中空的蘑菇形制陶用具。村头报告整理人根据部分陶器内壁所遗留的痕迹，并请教了现代陶艺师傅，弄清它是与陶拍（师傅俗称为旁锤）配合使用的：陶拍拍打外壁时陶垫在内壁相应的位置支撑。

3. 陶饰物

即村头报告所述的7件陶环和2件棋子形器。此类器物偶见。鉴于周代横岭山和银岗遗存中比较多见诸如禽畜之类的陶质"玩耍物"，故可认为此时所见乃其滥觞。

四 、 小 结

1. 关于遗存的分期

本章所涉及的文化遗存主要有大致距今4500年前后的东莞圆洲、4300年前后的龙川荷树排第一期、3550～3000年间的东莞村头、3550～3000年间的深圳屋背岭等遗存。本章可把这些遗存分为早、晚两大群，较早的为圆洲和荷树排第一期遗存，称之为较早阶段遗存；较晚的为村头和屋背岭遗存，称为较晚阶段遗存。

2. 陶质

在距今4500年前后的一段时间里，夹砂陶器的比例几乎达到90％，但其中的细砂陶或可达 65%。距今约 3300 年间，夹砂陶器约占 50%；其中细砂陶与粗砂陶的比例相当。再晚至距今约 3200 年间，夹砂陶器的比例或不足 20%；细砂陶比例与粗砂陶的比例相当。

夹砂陶器比例的渐次下降，原因在于：人们主要利用陆地资源以谋生，农业经济的成分甚高。夹砂陶器中的细砂陶比例下降，有其互为因果的两个理由：陶土中氧化硅的比例降低，而人们在提高泥质陶比例的同时，对夹砂陶器的原料也就不太讲究了。

3. 陶器的制作和装饰

总的来说，陶器的成型基本上是用泥条盘筑的手制和慢轮修整相结合的方法；部分为轮制；较普遍地采用分段成型粘接的做法。

通过分析小口束颈折肩罐和圆肩罐的制法获知，在分段做成有肩器的肩部，外敷上近似于两面坡屋顶的一层陶土，则为折肩器；不外敷而将肩部拍、抹圆滑，即为圆肩器。这是人们制作陶器的工艺比较成熟的表现；同时也暗示着先民有两种不同的审美时尚，一种是崇尚苍劲和直线造型，另一种则崇尚圆滑和弧线造型，这在先秦岭南考古学研究中，是耐人寻味的。

这一时期陶器装饰的特点有二：第一，以素面、绳纹和几何印纹为主，并且几何印纹的式样也基本相似。第二，流行"组合纹饰"。

关于第一点。素面的做法实际上是使用于陶器成型过程中，需要分段粘接的陶器，或者是器物表面积细小且较为隐蔽的部位。由于轧实器壁的工艺越来越成熟，以及把凸棱纹饰理解为精致的附加堆纹，因此，绳纹和附加堆纹正在由工艺纹饰向装饰纹饰转变。曲折纹和叶脉纹均为较早阶段多见的、但式样繁多的拍印阳纹，它们多见于罐、釜类器物表面。方格纹和菱格纹，或可认为它们源于对竹编器纹样的模仿，尤其是其中的双线或三线者，更相似于竹编器中十字编法所形成时纹样；而方格凸点纹等，则是在此基础上的创意之作。席纹类似于现代草编席子的纹样。条纹与篮纹也有模仿竹编器纹样的迹象。拍印而成的云雷纹这已经是抽象化的纹样了。组合纹饰有两类：一类是同一器物的不同部位，其纹样不同；另一类是同一器物的相同部位，其纹样不同。同时，组合纹饰往往利用弦纹作为栏框使用，类似于后世瓷器中的开光装饰。

4. 陶器的烧制

较早阶段陶器的烧成温度一般在920℃左右；较晚阶段的略高，约为950℃。考虑到此时的燃料均为木柴，故燃料的质量对烧成温度影响不大。按理，较晚阶段陶器的硅、铝、铁含量比例略高于较早阶段者，这是可以解释烧成温度的差别的。但是，村头14件标本的测试结果却是清一色的还原焰烧成，只能说明村头的窑室和烧窑技术应是能够达到：空气供给充足并确保燃料与空气均匀地混合的基本要求。承蒙现代窑工老师傅赐教，窑室略成袋形，窑室大小和高度合适，双道叶脉形窑箅，火膛宽度、高度和倾斜度合理，是直焰式的馒头窑是否科学的关键。陶坯装窑一般是"疏边密脊"，以保证火焰流动畅通。烧窑时，低温预热要让窑温缓慢上升；最后的高温烧结阶段，还要善于观察，向窑中的低温部位添加燃料。

5. 陶器的使用

此时期早晚均有的陶器种类，均可满足简单的家居生活。但较晚阶段者，首先是功能相同的炊煮器、贮藏器和盛器，样式更为复杂多样；其次是还增加了一定数量支撑炊煮器的支脚和器座，以及陶垫和陶饰物等。

关于前者，较晚阶段的口小、深腹的圈足罐用于贮藏淀粉类食物，既易于装入取出又可密封防潮。大口、浅腹的圈足罐或凹底罐用于贮存较大块状的、存放时间较短的干货。大口、深腹的罐用来腌制和贮藏腌制品。这与当时的生产力发展水平与生活方式密切相关。分析较晚阶段的釜的烟炱，从使用的角度可将众多的釜分为两大类。第一类是与灶相对固定地配合使用，炊煮经常食用或比较固定的食物的；

第二类釜则恰好相反。大口尊存放经常取用的食物。但其沉稳而富有张力的形态，或者是受到中原夏商文化的影响结果，或者是开始流行新的审美风尚，进而言之，尊的流行，意味着它们已经蕴含着精神文化要素。圈足盘豆类陶器，可用于端食，也可用于盛放食物，但出于它们数量众多、形态繁杂的缘故，也可推测其具有礼仪或原始宗教的功能。

关于较晚阶段增加了一定数量支撑炊煮器的支脚和器座，以及陶垫和陶饰物。我们认为，较多的支脚和器座，当与上述第二类釜配合，不定时用于炊煮非经常性食物。陶垫与陶拍配合，用于支撑陶坯内壁便于陶拍拍打修整其外壁。

第四章 中期几何印纹陶时期的陶器

中期几何印纹陶时期将探索约西周和春秋时期的陶器。

一、遗 存 概 况

这一时期文化遗存有博罗横岭山墓地①，圆洲梅花墩窑址遗存②，深圳叠石山③、大梅沙④、观澜追树岭、鹤地山、九祥山遗存⑤，香港大屿山万角嘴、蟹地湾、东湾和南丫岛的卢须城、沙埔村等⑥。其中只有横岭山墓地发表了发掘报告，本章将主要利用之探讨陶器的情况。

---

① 广东省文物考古研究所编著：《博罗横岭山——商周时期墓地 2000 年发掘报告》，科学出版社，2005 年。

② 广东省文物考古研究所等：《广东博罗县圆洲梅花墩窑址的发掘》，《考古》1998 年 7 期。

③ 深圳博物馆：《深圳市叠石山遗址发掘简报》，《文物》1990 年 11 期。

④ 深圳博物馆：《广东深圳大梅沙遗址发掘简报》，《文物》1993 年 11 期。

⑤ 以上 3 处遗址的材料，见杨耀林、古运泉等：《深圳市先秦遗址调查和试掘》，深圳博物馆《深圳考古发现与研究》第 51 ~ 94 页，文物出版社，1994 年。

⑥ 以上 5 处遗存的资料，可参阅：《岭南古越族文化论文集》中的相关部分，香港市政局出版，1993 年。

　　横岭山墓地位于惠阳平原东部即博罗县城罗阳镇东北约2公里处，坐落在一个高于周围农田10多米的独立山冈上。在8500多平方米的发掘范围内，共清理商周时期墓葬302座，其中，有随葬品的224座，能归入期别的214座（第70页，本章凡引用横岭山墓地的资料，仅夹注表明页码，请见谅），按西周穆王及其前王为西周早期和通行的战国肇始年代，又据《夏商周断代工程》（简本）的年表，制作表4-1。

表4-1　横岭山墓地分期

期　别	起　讫　年　代	墓葬和随葬品数量
第一期	商周之际	59件/17墓=3.47件/墓
第二期	西周早期，前1046~前992年，共154年	55件/15墓=3.67件/墓
第三期	西周中晚期，前991~前771年，共220年	324件/70墓=4.63件/墓
第四期	春秋时期，前770~前476年，共294年	428件/112墓=3.82件/墓

　　表4-1涉及可分期的214座商周墓葬，共计随葬品866件（报告中存疑的6件统计在内，但由墓葬填土排除的4件未计算在内），均值为4.05件/墓。

　　现代正常的死亡率都在10‰以下（中国2007年为6.93‰）；将西周至春秋时期的战争和健康等因素都考虑进去，假设当时的死亡率为10‰；并按已清理的墓地的实际数据计算，制作表4-2。

表4-2　使用横岭山墓地人群的常住人口情况

期别及年代	常住人口计算
第一期（商周之际）	无法计算
第二期（西周早期）	15墓（人）/154年=0.097（人/年）/10‰=10人
第三期（西周中晚期）	70墓（人）/220年=0.32（人/年）/10‰=32人
第四期（春秋时期）	112墓（人）/294年=0.38（人/年）/10‰=38人

　　因为横岭山人群可能使用几个墓地；同时即使只有一个墓地也不一定全部被揭露；实际上我们也没有把无随葬品及未可分期的墓葬加入统计。所以表4-2的常住人口数量不符合实际，但却表明聚落人口逐渐增殖，稳定发展。进而说明，利用横岭山墓地的材料研究人群的社会情况是可信的。

　　发掘报告中分5类介绍的出土物数量为906件（引者注：唯一的釉陶豆M248：1，乃典型的浮滨类型器物，排除），而可分期的214座商周墓葬中随葬品共866件，占95.6%。即言，报告所述随葬品基本上是西周和春秋时期墓葬的随葬品。在这906件器物中，陶器523件占57.7%；青铜器122件占13.5%；原始瓷器111件占12.3%；95件玉器占10.5%；均为砺石的石器55件占6%。下面据此讨论陶器和原始瓷器。

二、陶器工艺研究

（一）陶器的质地和颜色

　　横岭山遗址是个墓地，属于抢救性发掘项目，只能在广惠高速公路范围内进行发掘，因此对于了解使用墓地的先民的陶器情况，有一定局限性。所以，对于陶质，发掘报告只做文字的描述，"陶质分泥质、夹砂陶系。泥质陶为大宗，有软硬之分。软者，用手可以捏碎；硬者，摩氏硬度为5~7，击之有清脆声。陶质软硬与陶土成分、烧成火候有关。夹砂陶数量较少，主要为釜类、器座和个别罐类。夹砂有多有少之地均较软"（第11页）。但与此同时，又邀请了科技考古研究人员，对其进行研究（原报告第441~455页），表4-3即为其节录。

表4-3　横岭山陶器样本主要化学成分比例　　（单位:%）

编号	期别	类别	Al_2O_3	SiO_2	Fe_2O_3	TiO_2	SiO_2/Al_2O_3
h1	一期	灰陶	44.03	43.22	9.27	1.32	1.66
h2	一期	灰陶	31.06	59.02	2.27	0.30	3.23
h3	一期	灰陶	35.10	56.60	2.31	0.69	2.74
h4	一期	红陶	28.27	64.32	3.03	0.51	3.87
h5	一期	红陶	44.53	38.48	10.90	1.45	1.47
h6	二期	灰陶	31.54	60.23	4.39	0.63	3.25
h7	二期	灰陶	32.27	57.13	6.12	0.68	3.01
h8	二期	硬陶	30.22	58.47	5.04	0.69	3.29
h9	二期	灰陶	30.48	58.21	6.95	0.69	3.25
h10	二期	灰陶	29.62	62.21	3.39	0.97	3.57
h11	二期	硬陶	32.16	60.02	4.22	0.84	3.17
h12	三期	灰陶	42.66	50.34	4.59	1.21	2.01
h13	三期	灰陶	28.89	60.81	4.06	0.56	3.58
h14	三期	硬陶	29.76	55.78	8.15	0.59	3.19
h15	三期	硬陶	24.54	64.22	5.35	0.59	4.45
h16	三期	硬陶	28.01	61.01	6.90	0.64	3.70
h17	三期	硬陶	24.24	67.22	3.71	0.57	4.71
h18	三期	硬陶	29.57	60.11	4.65	0.71	3.46
h19	三期	硬陶	29.89	57.22	8.97	0.78	3.25
h20	三期	硬陶	27.85	62.31	4.49	0.77	3.80
h27	四期	硬陶	29.99	60.76	4.74	0.71	3.44
h29	四期	橙陶	37.45	52.29	6.24	0.83	3.27
h30	四期	硬陶	26.34	60.13	8.66	0.57	3.88
h31	四期	硬陶	22.24	68.30	5.25	0.64	5.22
h32	四期	硬陶	25.34	65.83	3.69	0.62	4.42
h33	四期	硬陶	28.15	62.24	4.07	0.73	3.76
h34	四期	硬陶	24.32	64.35	7.40	0.65	4.50
h35	四期	硬陶	20.25	71.38	3.73	0.49	5.99
h36	四期	硬陶	28.58	62.91	3.81	0.69	3.74
h43	不详	釉陶	24.67	66.67	4.67	1.19	4.59

表 4-4　横岭山各时期陶器主要化学成分比例　　（单位:%）

成分平均值期别	Al_2O_3	SiO_2	Fe_2O_3	TiO_2	SiO_2/Al_2O_3
一期	36.60	52.33	5.56	0.85	2.59
二期	31.05	59.38	5.02	0.75	3.26
三期	29.49	59.89	5.65	0.71	3.57
四期	26.96	63.13	5.29	0.66	4.25
加权平均值	31.03	58.68	5.38	0.74	3.42

表 4-4 是表 4-3 各个时期陶器的、主要化学成分的加权平均值。从中可以看到:

其一, Al_2O_3 的比值从第一期的 36.60% 逐其下降到第四期的 26.96% , "由于陶器的烧制温度比较低, 陶胎中过高的铝将不利于胎体的烧结, 而在制陶初期, 古代陶工多为就地取土, 经验不足, 原料选择的随意性较强, ……随着人们对所用陶器原料的逐步认识, 陶工们对制陶原料的选择开始有了比较明显的倾向性 (更有利于制品的成型和烧制), 因此……氧化铝含量逐渐减少"(原报告第 447 页)。

其二, SiO_2 的比值基本稳定, 或晚期略为上升。常见的脉石英或石英岩, 其 SiO_2 的含量都在 97% 以上, 在自然界中分布很广, 不具有可塑性, 因此利用它作为常温下陶器坯料可塑性的调整剂;同时, 石英在高温中有适当的膨胀性, 可以补偿陶器坯体的收缩, 减少变形, 提高坯体的机械强度。此外, 还可以这样认为, 横岭山的陶工均为就地取土作为陶器原料, 但随着时间的推移, 除铝的技术有所提高, 而陶土中的最主要成分就是 Al_2O_3 和 SiO_2 两种, 前者的比值下降也就意味着后者的比值上升, 因此出现年代越晚, SiO_2 的比值略有上升的情况。

其三, Fe_2O_3 的比值很高, 并且早晚基本稳定。众所周知, 当胎体含铁量 ≤ 0.8% , 表面施釉, 烧成温度 1300℃ 左右, 成品吸水率 ≤ 1% , 这种器物就是瓷器。而横岭山出土的 12 件 "原始瓷器" 做过化学组成分析, 其含铁量的平均值为 2.58% (参表 4-5);同时, 科技考古研究者补充以梅花墩原始瓷器胎体样本的研究, 以及根据两地原始瓷釉的组成的类似性，认为横岭山随葬的原始瓷器来自梅花墩窑址（原报告第 448 页）。易言之，横岭山陶器是就地取土制成的；并且，窑工始终没有掌握陶土的除铁方法。

其四，TiO_2 的比值偏高。而陶土中钛的含量过高，它也会与铁一样，使陶器烧成后呈现深颜色。SiO_2/Al_2O_3 即陶器化学成分中硅铝的比值是古代窑工无法控制的，科技考古研究者在测试表中往往列有此项，意在探求陶土的产地。

横岭山"陶色多为灰、灰褐、深褐色，少数橙黄、橙红、黄褐、黑褐色。有的陶色斑驳，灰中泛红或黄中泛灰。有的圜底器器底部留有套烧痕迹，颜色较器身浅。偏红偏黄的陶器一般硬度较低"（原报告第 11 页）。

（二）原始瓷器的质地

横岭山发掘报告介绍的 906 件出土物中，原始瓷器 111 件占 12.3%；博罗县梅花墩龙窑也出土有相当数量的原始瓷器，并如前文所述，该窑还向横岭山遗址供应了原始瓷器，故有必要探讨它们的质地。

阅读表 4-5（摘录自原报告第 443 页之表三），获知：

其一，横岭山与梅花墩的原始瓷器的化学组成基本一样。但含铁量略有不同，先分析梅花墩的，其土样含铁量的平均值是 2.56%（表 4-5 土 1、土 2、土 3），但原始瓷器的却为 1.78%（表 4-5m1、m2、m3）。如果梅花墩的原始瓷器是用当地陶土为原料，那么，窑工们应是掌握了除铁技术的，因为它们的含铁量相差 0.78个百分点之多，客观现实又是怎样呢？先了解梅花墩的 3 个土样测试的具体情况（表 4-6）。

表 4-5　横岭山和梅花墩原始瓷器和土样主要化学成分比例（单位:%）

编号	遗址	类别	Al_2O_3	SiO_2	Fe_2O_3	TiO_2	Na_2O	MgO	K_2O	CaO	SiO_2/Al_2O_3
h21	横岭山	原始瓷	26.11	67.12	2.62	1.05	0.37	0.49	0.76	0.06	4.37
h22	横岭山	原始瓷	31.02	62.47	2.28	0.69	0.30	0.72	1.18	0.08	3.42
h23	横岭山	原始瓷	40.48	52.32	2.89	0.83	0.30	0.65	1.02	0.04	2.20
h24	横岭山	原始瓷	27.31	64.95	2.99	0.77	0.37	0.53	1.66	0.24	4.04
h25	横岭山	原始瓷	24.65	67.98	2.79	0.70	0.21	0.61	1.85	0.16	4.69
h26	横岭山	原始瓷	24.79	68.06	3.12	0.77	0.21	0.43	1.05	0.08	4.67
h37	横岭山	原始瓷	23.69	69.09	1.77	0.70	0.30	0.45	2.76	0.04	4.96
h38	横岭山	原始瓷	28.50	64.36	2.69	0.83	0.45	0.55	1.28	0.14	3.84
h39	横岭山	原始瓷	21.76	70.56	1.95	0.72	0.20	0.54	2.66	0.06	5.51
h40	横岭山	原始瓷	26.74	65.66	1.86	0.89	0.22	0.99	2.41	0.13	4.17
h41	横岭山	原始瓷	23.85	67.07	3.37	0.55	0.37	0.57	2.52	0.23	4.78
h42	横岭山	原始瓷	23.16	70.07	2.59	0.73	0.20	0.37	1.64	0.11	5.54
m1	梅花墩	原始瓷	29.20	61.77	1.28	1.45	0.56	0.34	3.05	1.35	3.60
m2	梅花墩	原始瓷	24.53	70.10	2.17	0.60	0.52	0.47	1.83	0.15	4.86
m3	梅花墩	原始瓷	24.35	68.03	1.89	0.67	0.71	0.62	2.56	0.12	4.75
土1	梅花墩	土样	23.64	68.49	1.39	0.44	0.52	1.97	2.07	0.36	4.93
土2	梅花墩	土样	30.98	61.21	3.57	0.43	0.67	0.43	1.31	0.13	3.36
土3	梅花墩	土样	28.71	63.35	2.71	0.56	0.52	0.81	2.13	0.22	3.75
加 权 平 均 值			26.86	65.70	2.44	0.74	0.39	0.64	1.87	0.21	4.30

表 4-6 梅花墩土样采集与含铁量情况（参见原报告第 441 页）

编号	采集地点	含铁量（%）
土样 1	窑址附近	1.39
土样 2	文化层	3.57
土样 3	窑墙红烧土	2.71

虽然测试样本过少会降低其置信度，但现在就事论事。我们知道，窑场的文化层堆积，应当是在窑场生产过程中逐渐形成的，具体情况可以这样描述：人们先在窑炉附近掘土，制作窑炉；在距离窑炉最近的地方修整一块制作和晾晒陶坯的平地；再于平地附近掘取陶土做坯，在逐渐认识原料与成品之间关系的过程中，或有选择地扩大掘取陶土的地点。这样，我们现在所发掘的文化层所在地，最有可能就是当时掘土制作窑炉的地方，因为这里离窑炉最近，遗弃残次品最为方便；退而言之，堆放被遗弃的残次品是不能影响掘取陶土的。易言之，文化层中的"土"与作为原料的"陶土"，不会在同一地点。因此说，文化层中土样的成分最有可能与成品中的成分出现偏差；而窑址附近和窑墙红烧土的成分更接近于成品。这样，所测试土样与原始瓷器的含铁量，也就接近了。因此可断定烧制梅花墩原始瓷器的窑工没有掌握除铁方法。

科技考古研究人员主要根据两地样品釉的测试数据相近认为，梅花墩窑址应是横岭山原始瓷器的产地之一（原报告第 448 页）。然而，横岭山原始瓷器含铁量的平均值是 2.58%（表 4-5 前 12 个样品），比梅花墩的 1.78% 多出 0.8 个百分点，相差较大。若倾向于科技研究者的结论，唯一的一种解释是：窑工们在逐渐认识原料中的含铁量与原始瓷器成品之间关系的过程中，有意识地选择了含铁量相对低的陶土为原料；而这种原料是相对稀缺的，我们现在仅能在少数原始瓷器成品中能测试到。

其二，相对而言，横岭山与梅花墩的原始瓷器，Al_2O_3 的含量逐渐降低，SiO_2 的含量逐渐增高，而诸如 Na_2O 、MgO 、K_2O 、CaO 等元素则相对稳定，这区别于我国南方其他地区的原始瓷器（原报告第 449 页）；也可以说明这里的原始瓷器是本土生产的。

其三，把表 4-4 中陶器的 Al_2O_3、SiO_2、Fe_2O_3 的数据，与表 4-5 中原始瓷器的合编成表 4-7，比较得知，后者的 Al_2O_3 和 Fe_2O_3 的含量低，SiO_2 含量高，这既可说原始瓷器是本土生产的，也可说在由陶器向瓷器的演变过程中，当时的窑工已经能够因地制宜，把握了技术要点。

表 4-7　陶器与原始瓷器主要化学成分比例比较　（单位:%）

成分 类别	Al_2O_3	SiO_2	Fe_2O_3
横岭山陶器加权平均值	31.03	58.68	5.38
横岭山和梅花墩原始瓷器加权平均值	26.86	65.70	2.44

（三）成型、修整、装饰

1. 成型和修整

横岭山的陶器除了极个别的纺轮和器座之外，其余均为容器。原始瓷器 111 件，全部是容器。涉及成型，它们可并在一起叙述。器物的成型有手制法、轮制法和轮修法。手制法一般用于个体较大的器身，泥片贴筑与泥条盘筑兼而有之，例如，"有的平底器的底部是泥片捏接的，捏接后底部边缘斜下外展，外展较甚者成矮圈足"。如上所述，此时陶器和原始瓷器的胎料中瘠性原料含量较高，因此器物成型后必须也可能经受拍打，所以，"器表拍印纹饰，起到拍实陶胎的作用。器身较大的瓮罐类内壁常常留有垫窝，垫窝多带麻点。虽然器体较大，器壁却较薄，制胎时需内外同时受力，外拍内垫"（原报告第 11 页）——梅花墩出土 4 件陶垫和 10 件陶拍。它们在形态上均有两种，一种是蘑菇形的，一种作长方体并带穿孔小把；但陶垫的垫面光滑，陶拍的拍面则刻有纹饰（图 4-1）。

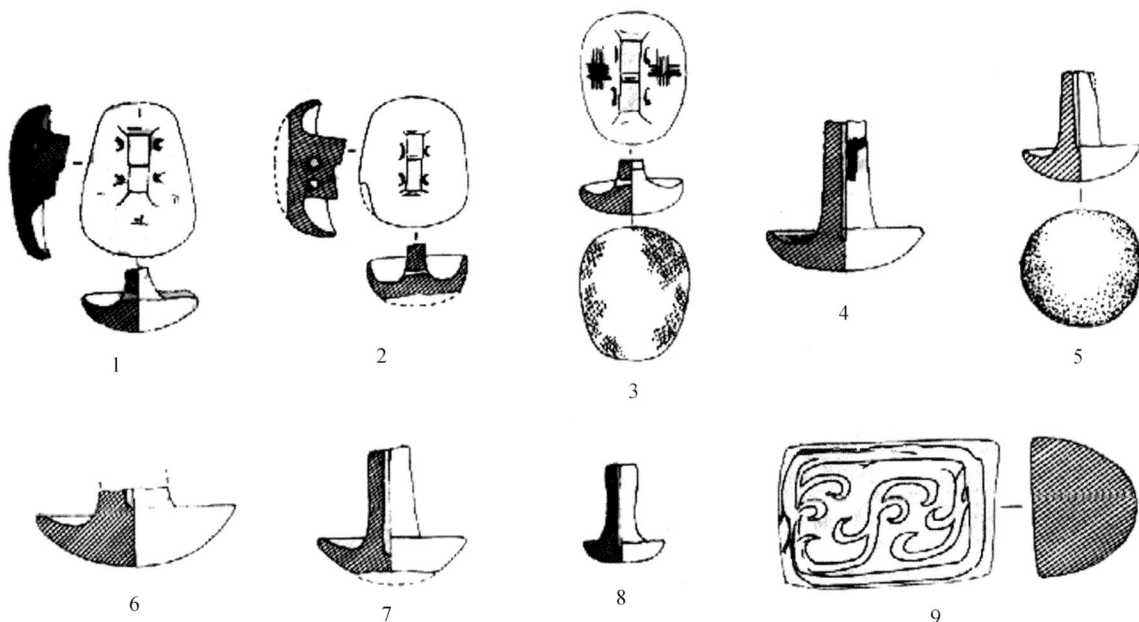

图 4-1　陶拍和陶垫（采自《考古》1998 年第 7 期第 31 页）

1. Ⅱ型陶垫（T4③:11）　　2. Ⅲ型陶垫（T4③:12）　　3. Ⅱ型陶拍（T4③:13）　　4、7、8. Ⅰ型陶拍

（T3③:9、T4③:2、T4③:6）　　5、6. Ⅰ型陶垫（T4③:7、T4③:16）　　9. Ⅲ型陶拍（T3③:17）

轮制法多施用于个体较小的器物，或器物的附件。例如"陶豆盘部与圈足均分别轮制，捏接后将接合处修平"。

轮修法则针对于器物的修整，器物的"口沿、圈足、单独成形，与器身捏接后再轮修。为使圈足牢固，圈足与器底接触面多划出不规则的细槽，在圈足根部内外有的还施篦点纹以加固"（原报告第 11 页）。

横岭山有 426 件陶器、原始瓷器上刻划着符号，初步分类共有 236 种；梅花墩也发现较普遍，或达 30 余种。陶器上的刻划符号，在广东几何印纹陶遗存中，并不鲜见；然而，关于符号的寓意与属性，则见仁见智。我们同意横岭山报告的意见（原报告第 19 页）："刻划符号的性质是劳动集体标识的可能性最大，与制陶手工业高度发展后的内部管理有关，符号原来区分同一窑口内部不同集体的劳动，同一劳动集体在不同的窑口也可能使用相同的符号。"

2. 修整和装饰

　　融修整和装饰功能于一体的是拍印纹饰，纯粹用于装饰的有戳印和刻划纹饰；前者更为普遍。

　　拍印纹施于器物的腹部，有双"F"纹（图4-2）、菱格纹、席纹、曲折纹、重圈纹、重三角纹、同心圆纹、云纹、雷纹、方格纹等（图4-3）。

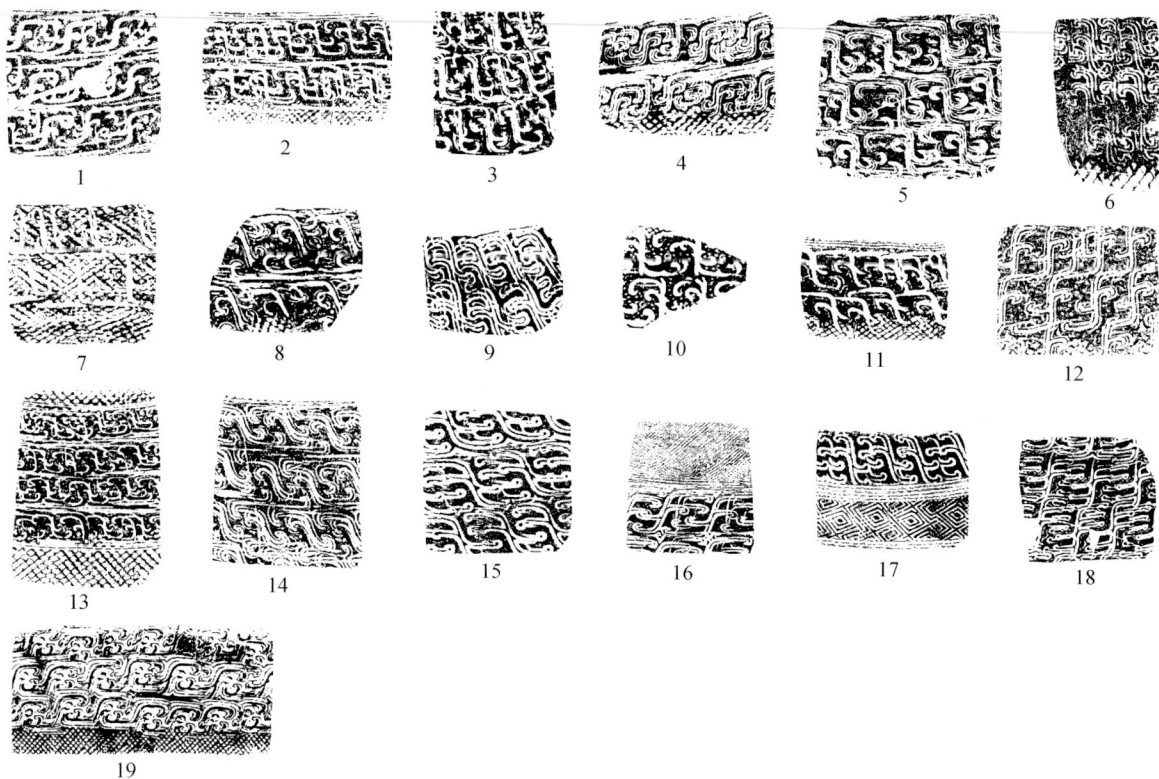

图4-2　双"F"纹（采自横岭山发掘报告第12～18页）

1～9. 阴线双"F"纹　10～14. 带点（圈）阴线双"F"纹　15～18. 阳线双"F"纹　19. 浮雕状双"F"纹

　　双"F"纹：因为纹饰中有两端对称的、类似英文字母"F"的图案，曾被名之为双"F"纹；或因其图案母体类似于商周青铜器纹饰中的夔龙，后又有称为夔纹者。本书依横岭山发掘报告，凡纹饰图案中的双"F"部分为单阴线的，称单阴线双"F"纹；双"F"线条周围有勾边的，称为勾边阴线双"F"纹；以周围的阴线衬出

图4-3　纹饰拓片（采自横岭山发掘报告第12~18页）

1、2. 席纹　3~5. 曲折纹　6~8. 重菱格纹　9~11. 菱格凸块纹　12~18. 重菱格凸块（点）纹　19、20. 重圈纹　21. 同心圆纹　22. 重三角纹　23~27. 云雷纹　28、29. 方格纹　30. 戳印圆圈纹、刻划纹　31. 刻划纹

的阳线图案的，称阳线双"F"纹；若图案呈浮雕状凸出，且有细阳线勾边的，称浮雕状双"F"纹。

　　根据资料整理人的研究，双"F"纹乃青铜器纹饰涡纹的变体，其最早形式拍印双"F"纹，发生在东江中下游地区。约在西周中期，涡纹盛行，稍晚，各种形式的双"F"纹也开始流行。至春秋时期，单线双"F"纹、带点（圆圈）阴线双"F"纹、浮雕状双"F"纹逐渐消失，只保留勾边阴线双"F"纹一种形态，同时阳线双

"F"纹也逐渐流行。而双"F"纹的最后衰落应是在春秋晚期至战国早期的事情。

根据目前的资料可知，双"F"纹的分布范围，西到广西东北桂江、贺江流域，北到湖南南部湘江中上游地区，东到福建西南部，南至海边。因此也有把岭南双"F"纹最盛行时期（约春秋时期）的文化遗存，称为"夔纹陶时期"。

关于双"F"纹的象征或寓意，有的说得很具体，有的说得很抽象，见仁见智。本书只能沿袭第三章的说法：这体现了一种新的审美时尚的风行，并且是以高超的制陶技术为基础的。

席纹乃较早期的纹饰，有粗细之分，细者规整。

曲折纹也是较早期的纹饰，较少见。施于夹砂陶器上，较松散，形态上近似于早期的特征；施于泥质硬陶上的、线条细密的应较晚，或可视为早期曲折纹的变体。

菱格纹是对重菱格纹和（重）菱格凸块（点）纹的统称。只有重菱格、中间无凸块或凸点的，为重菱格纹；单线菱格、中间凸块的，称为菱格凸块纹；包括共用边在内菱格两重以上、中间凸块的，称为重菱格凸块纹；菱格近方的，亦称菱格纹。菱格纹在夹砂陶和泥质硬陶上都有发现，但器物质地和器形不同，其纹饰也存在差异。夹砂陶上的菱格线条细，拍印较浅，显得松散。

重圈纹，是以纹饰单元中的阴线形状命名的。有椭圆形和圆形两种。

重三角纹，发现较少。

同心圆纹，发现较少，仅1件陶罐。

云纹，有复线"S"形和"T"形两种。复线"S"形中间有四边内曲的菱心，可称为菱心复线"S"纹。

雷纹，有卷雷纹和勾连雷纹两种。

方格纹，最普遍，有粗、细之别。菱形者亦称方格纹。

戳印纹以篦点纹最常见，还有小圆圈和刺点。戳印纹有与旋纹等其他纹饰组合的，有的施于口沿下、圈足根部及器耳、盲鼻两端起加固作用的。篦点纹，多点一次戳成；刺点纹，一次戳印一点，刺点较大、较深。

刻划纹与旋纹最常见，也有动物等其他图案，有的刻划在器底。旋纹，归入刻划纹类。有成组细旋纹和单线粗旋纹两种，多施于肩部或上腹部，有的则作为组合纹之间的界线。旋纹是陶胎在陶轮上转动时刻划的，线条直，且深浅、粗细一致。成组细旋纹与篦点纹使用相同的施纹工具。

陶器纹饰多组合纹，最常见的有旋纹、方格纹组合纹和方格纹与其他拍印纹组合纹。一般先通体拍印方格纹以拍实陶胎，再抹平上腹部的方格纹另施其他拍印纹。少数直接在方格纹上拍印其他纹饰。也有上腹部抹平后未拍印其他纹饰而素面的。少数器物附贴假耳、圆饼等装饰，有的瓮底部留有垫席的痕迹。以上装饰和印痕均未归入纹饰类。

（四）烧制工艺

1. 窑温与烧成气氛

表4-8摘录自横岭山发掘报告表七，表4-9摘录自本书《附录一》。阅读之得知，第一期的陶器烧成温度较低，约为900℃，同时，其相应的物相组成大都为一些原始矿物形态，如各色黏土基质、云母残骸、棱角分明的 α 石英。第二、三期也即西周时期，烧成技术有了较大提高，样品均为窑烧成，原始瓷器开始出现。部分样品的烧成温度已接近1200℃（h11），胎体中的石英相已经产生了融蚀边，并且出现了莫来石晶体，在少数样品中还发现了一定数量的方石英晶体。至第四期，部分印纹硬陶和原始瓷样品的烧成温度已达到了1250℃左右，而且样品中不仅发现有较多的莫来石、方石英晶体，甚至还产生了一定数量的玻璃相。此外，由表4-9获知，陶器均在还原焰气氛中烧成。这说明东江三角洲的陶器烧成窑温，经过了西周时期的稳步发展，至春秋时期，窑温甚至可能烧结瓷器。

表 4-8　横岭山部分样品的烧成温度和物相组成特征

编号	期别	名称	烧成℃	物相组成陶质
h1	一期	灰陶	——	红色的黏土基质，较多的 α 石英，少量 α 赤铁矿，石英颗粒棱角较为明显
h3	一期	灰陶	860	黏土基质呈灰色，两侧的颜色发黄，石英分布较少，且颗粒较大。基质中黄褐色的线状云母较多，局部出现五彩色斑
h5	一期	红陶	870	红色的黏土基质，较多的 α 石英，少量 α 赤铁矿，石英颗粒棱角较为明显
h8	二期	灰陶	——	黏土基质呈青灰色，较多的 α 石英，少量 α 赤铁矿，少量莫来石，石英颗粒棱角较为圆钝
h10	二期	灰陶	1140	黏土基质呈乳白色，较多的 α 石英，α 赤铁矿，少量莫来石，石英颗粒棱角比较圆钝
h11	二期	灰陶	1190	黏土基质呈灰白色，石英颗粒较小，α 赤铁矿，一定量的莫来石，β 方石英
h12	三期	灰陶	——	黏土基质呈灰白色，较多的 α 石英，莫来石，α 赤铁矿，β 方石英
h19	三期	硬陶	1210	黏土基质呈青灰色，较多的 α 石英，α 赤铁矿，莫来石，β 方石英
h22	三期	原始瓷	1220	黏土基质呈青灰色，小的石英颗粒分布较多，一定量的莫来石，α 赤铁矿，β 方石英
h27	四期	硬陶	——	黏土基质呈青灰色，两侧呈橘黄色，较多的 α 石英，一定量的莫来石，α 赤铁矿，β 方石英
h35	四期	硬陶	1250	黏土基质灰中带黄，石英颗粒较多，偏小。莫来石含量较多，β 方石英含量较多，少量玻璃非晶的物质
h40	四期	硬陶	1270	较多的 α 石英，一定量的莫来石，β 方石英，少量玻璃非晶的物质
h42	不详	原始瓷	——	较多的 α 石英，一定量的莫来石，β 方石英含量较多

表4-9　横岭山部分样品的烧成温度和烧成气氛

样品号	期别	烧成工艺	烧成温度（℃）	样品描述
M081（CS0015）	三期	还原	950	泥质陶，外壁表面呈褐色，饰云雷纹，坯体断面为灰褐色，并夹有黑色颗粒，颗粒较细致均匀、较致密
M259（CS0016）	四期	还原	1020	泥质陶，表面呈灰褐色，饰方格纹，内壁有大量橙红色附着物，坯体断面呈灰色，结构疏松，颗粒大小均匀，从断面和内壁来看，皆有大量黑色小点分布
M059（CS0017）	四期	还原	1020	泥质陶，表面呈黄褐色，有棱格纹饰，且陶片内外有小量结晶状釉面，但大多已剥落。坯体断面呈灰褐色，坯体断面疏松粗糙，颗粒均匀

2. 关于陶窑

梅花墩窑址发现了1座龙窑（图4-4）。窑的火膛向东北（35°），窑体全长15米，其结构包括火膛、小平台、火道、窑床和窑尾。其中火膛略成椭圆形，长1.95、宽1.05~1.5、深0.5米。窑床前窄后宽，长6.5、宽1.4~2、残高0.4~1.1米。窑床底的做法是：先垫以硬土，作12°斜坡状；再于垫土上铺上24~26厘米的灰色沙土，沙土上又铺上一层黏土，发掘时已成为烧结硬面，厚15~20厘米；再于烧结硬面上铺上一层厚12~14厘米的沙层。窑壁厚约60厘米，均由白色瓷土和灰色黏土混合夯筑而成，壁土经火烧后白中泛红黑。窑尾近圆形，直径约2.7、残高0.5~0.9米。连接着窑床后端，并较之低约50厘米，亦铺有一层厚5~25厘米的沙子；窑尾遭破坏，烟道已无存。

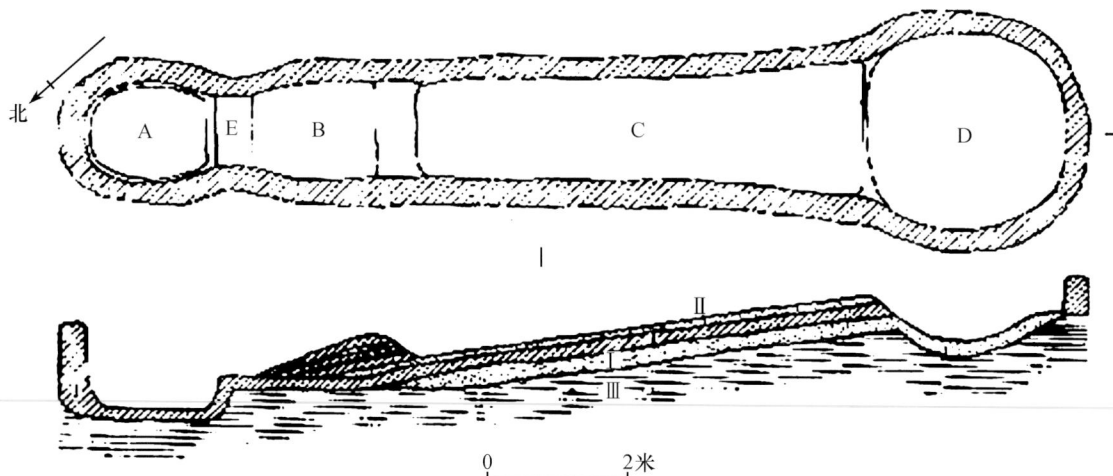

图 4-4　梅花墩窑址平、剖面图（采自《考古》1998 年 7 期第 29 页）

A. 火堂　B. 火道　C. 窑床　D. 窑尾　E. 小平台　Ⅰ. 窑底与窑壁　Ⅱ. 铺沙层　Ⅲ. 垫土

下面详细分析梅花墩龙窑的优点和不足。其结构，与常见的龙窑无甚区别。其中火膛做成椭圆形，有利于采风和燃料的完全燃烧。窑床的谷积大小合适，既能允分利用热量和空间，又利于窑工活动；或嫌坡度略缓。连接窑床的窑尾较窑床为宽大，并做成圆形，有利于热量的回旋，充分利用热量，乃其高明之处（但未知窑尾底部低于窑床后端，是否遭破坏所致）。可惜烟道无存，但从其产品的的烧成温度之高以及利用还原焰气氛烧成，其窑尾后壁当设有烟道，并且在烧造过程中运用控制烟道的技术还相当娴熟。其筑窑技术，窑床底部较精细的三层做法，尤其是最上层的铺沙，既有利于陶坯的装窑，又有利于热辐射，以保证产品各部位受热均匀。窑室材料经过精选，又夯筑有相当厚度，足以阻止热量的流失。概而言之，对于以木柴为燃料来说，这样的窑炉足以将窑温提高至最高，也可能基本保证窑室不同部位的温度均匀，但包括预热、缓提温、急提温、冷却四个环节的烧窑过程，花费时间会更长一些。易言之，质量可保证，产量受影响。

三、陶器使用研究

横岭山披露的陶器有 523 件，器类有罐、瓮、釜、簋、瓿、豆、罍、壶、尊、盆、杯、纺轮、器盖、器座共 14 种。梅花墩基本同此，但较多见动物模型，如牛、羊、鹿、狗、鸡、鸟、鼠等。两地的原始瓷器以豆类为主，偶见罐、盂、三足器、钵、杯、尊、盘。下面分述。

罐比例最高，横岭山达 189 件；梅花墩也是数量最多的。一般为泥质陶器。两处遗存整理人的分类不尽相同。从使用的角度分析，可先分为有耳或无耳两大类，其下位再按圈足、凹底、圜底、平底的标准划分。若此。无耳罐占绝对多数，如横岭山达 153 件之多；有耳罐仅 33 件。同时，两大类陶罐均以圜底、平底罐为多，例如横岭山的分别为 144 件和 30 件。另外，无耳罐个体大者居多，有耳罐仅个别见到大者（图 4-5）。由此可知，无耳罐一般放置在比较固定的位置，并非经常性地将储物存入或取出；而有耳罐则恰好相反。

横岭山的泥质陶瓮也有 29 件之多，均为圜底，其个体更为硕大，如 M038∶1，最大径约 54、通高约 58 厘米（图 4-5-9），其用途当与无耳罐同。

陶釜，横岭山出土 22 件，其中 20 件无耳。梅花墩也具一定数量，披露资料均见有耳者（图 4-6）。釜为夹砂陶器，一般用于炊煮，有耳（尤其是有内耳）釜利于端放，它的出现，表明随着制陶技术的发展，人们有能力更讲究于方便使用。

簋和瓿为同类器物，横岭山报告把直口或侈口者称为簋，折沿者为瓿。它们均为圈足盛器，形态颇似中原周初的青铜簋（图 4-7-1～3）。横岭山这种形式的器物共有 32 件之多，甚为流行。这从形制上说，或受岭北青铜器的影响所致。从功能上说，人们的饮食方式已比较讲究：釜里炊煮的食物，先盛在簋里，人们再从簋里舀到端食器（如碗、钵）里食用；然而，当时中原的青铜簋乃礼器，故也不可排除它

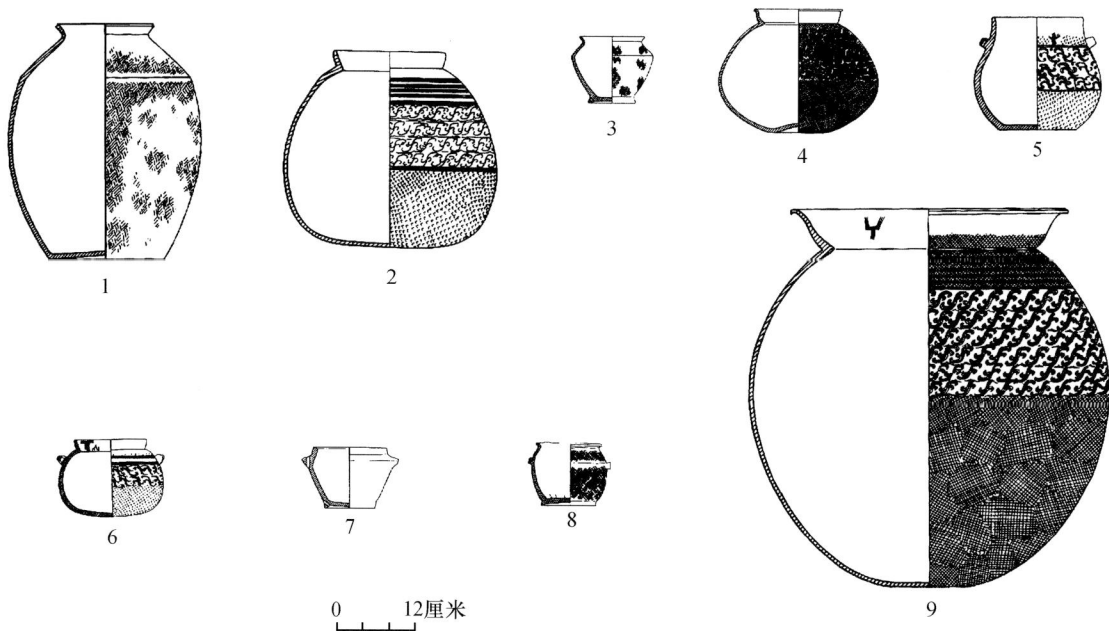

图 4-5　罐瓮（采自横岭山发掘报告第 26～33 页）

1. 甲类平底罐（M275:3）　2. 甲类 Ea 型圜底陶罐（M182:20）　3. 甲类圈足罐（M213:1）　4. 甲类
凹底 A 型陶罐（M124:6）　5. 乙类平底罐（M291:1）　6. 乙类圜底陶罐（M182:16）　7、8. 乙类圈足
罐（M058:2、M299:4）　9. Ⅱ式陶瓮（M038:1）

与豆之类的器物配合，用于某种礼仪活动。

　　横岭山的陶豆和原始瓷豆分别为 184 件和 105 件，是最为流行的盛器或端食器（见图 4-7-4～8）。在东江三角洲，豆（或圈足盘）早在前几何印纹陶时期已经出现，并持续流行，而此时更流行了高质量的原始瓷豆。如果说，在早期几何印纹陶时期，我们倾向于它们与"笾豆有楚，殽核维旅"有关，那么此时，应当与"笾豆之事，则有司存"密切相关了（请参阅本书第三章有关部分）——对此需要补充的是：其一，横岭山墓地的布局和管理井然有序：被揭露的 302 座商周时期墓葬，其方向大致与山冈等高线的切线一致，顺着山坡分布（原报告第 9 页）。其中，有打破关系的墓葬共 14 组 28 墓。只有第 12～14 组，可为类型学研究提供可靠的地层学依据（即两座墓葬均有随葬品），其中第 14 组意义最大（原报告第 44 页）。既此可说，横岭山社会设有专人利用"习俗法"乃至武力，管理墓地。其二，横岭山出土有包括鼎

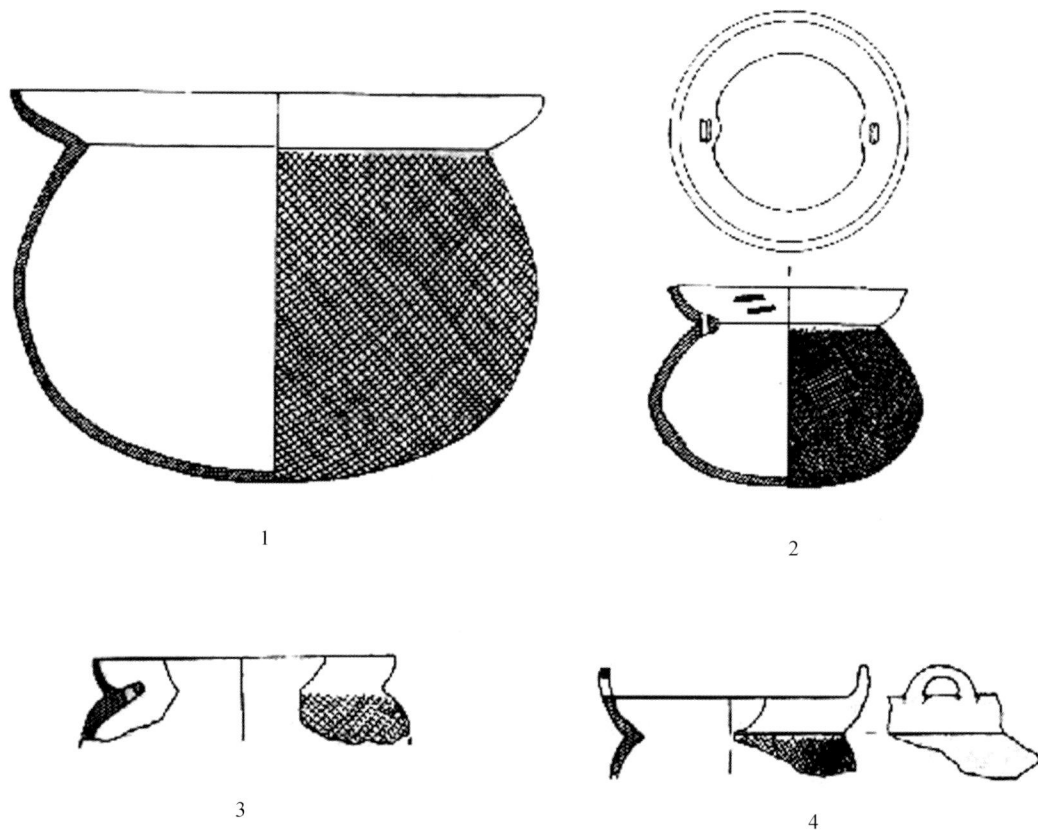

图 4-6　釜

1. 甲类 D 型陶釜（M130：6）　　2. 乙类陶釜（M242：8）　　3. Ⅰ型釜（T3③：20）　　4. Ⅱ型釜（T1③：38）

（1、2 采自横岭山发掘报告第 32 页，其余采自《考古》1998 年 7 期第 35 页）

和甬钟在内的 122 件青铜器，这些青铜器集中于第三期和第四期的墓葬中。北京科技大学冶金与材料史研究所对第三期 182 号墓出土的 2 件镈、2 件甬钟、1 件斧和其他堆积单位出土的 1 件斧（T1408①：2）、1 件戈（T0904①：1）、1 件镈（M211：7，第四期）共 8 件青铜器，进行检验研究。结果是 2 件甬钟含有高锡，并存在锡的反偏析现象；1 件镈含铅较高，并存在铅的偏析现象；从成分和金相组织来看，青铜器的生产与同时期中原地区相比，不够规范，具有特殊性，反映了当地生产的特点（原报告第 467 页）。而且考察青铜器的形制和纹饰，也可认为这些青铜器乃岭南土著产品。易言之，这里出产青铜重器；它们或许是表示身份地位的象征物。

图 4-7　簋和豆

1. Ⅱ式簋（M291：3）　2. A 型Ⅱ式陶瓿（M291：3）　3. Ⅰ型簋（T1⑧：18）　4. Ah 型Ⅱ式曲壁陶豆　5. Ab 型钵形陶豆（M059：9）　6. Ⅰ式直壁原始瓷豆（M103：2）　7. Ba 型Ⅲ式曲壁原始瓷豆（M059：10）　8. Bb 型曲壁原始瓷豆（M145：3）　（3 采自梅花墩发掘报告第 34 页，其余采自横岭山发掘报告第 35～40 页）

　　罍、壶和尊，在横岭山共出土 13 件。从用途的角度考察，同于上述的泥质陶罐，发掘报告用此类称谓，乃出于资料整理的需要，其名称和功能于当时中原青铜器的同类者，没有内在的联系。

　　盆和杯，横岭山仅见 6 件，乃常见之物，当为盛器和端食器。

　　纺轮在两处遗址均有相当数量出土，可见当时纺织工业也有一定的发展。

　　器盖，横岭山仅见 2 件，但梅花墩至少出土 10 件，均为泥质陶。这表明它们是用来封盖盛器或贮藏器的。这表明某些食物是不能一次性吃完的，或者要封闭好以防潮防蛀的。

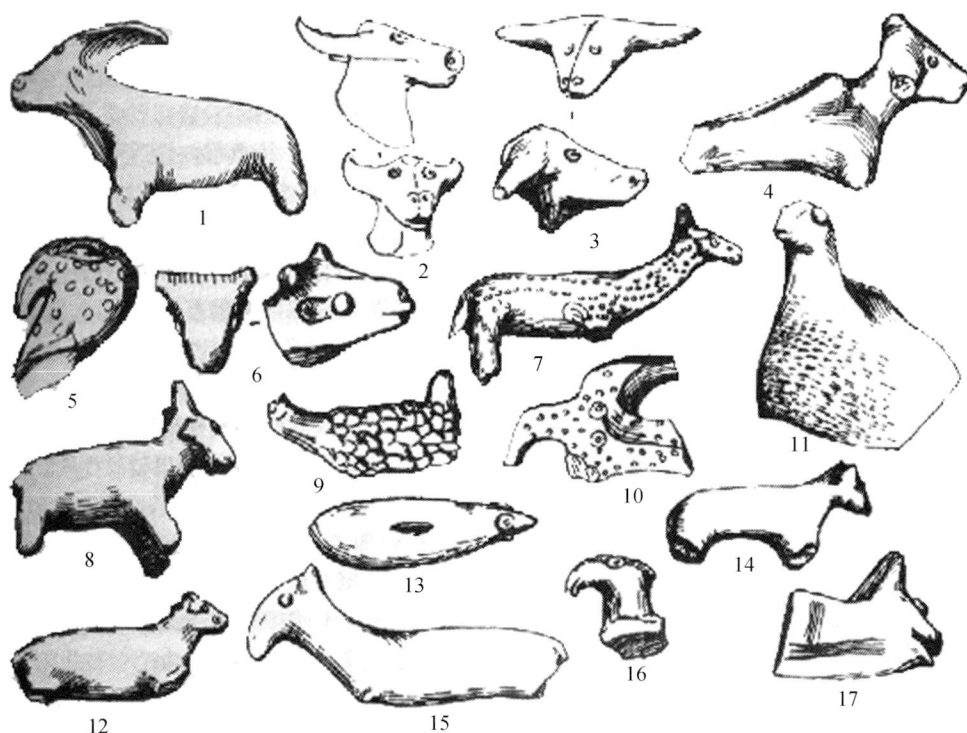

图 4-8 梅花墩出土动物模型

1～4、6. 牛（T4③：10、T2③：3、T2③：9、T2③：11、T2③：2）   5、10、16. 鸟（T2③：11、T2③：12、

T4③：9） 7. 鹿（T2③：13） 8、12、14、15. 羊（T4③：4、T4③：1、T3③：2、T3③：7） 9. 鸡（T4③：18）

11. 羊头饰件（T4③：14） 13. 鼠（T2③：14） 17. 狗（T2③：9）

（4、14 为原始瓷质，余均陶质；采自《考古》1998 年 7 期 5 第 39 页）

此外，器座两地均有出土，梅花墩还有一定数量的鼎足。可见在圜底釜流行的同时，也有一些三足器用于炊煮。

梅花墩较多见动物模型，有牛、羊、鹿、狗、鸡、鸟、鼠等（图 4-8），这从功能上理解，那是人们借此为玩耍物，闲暇时聊为消遣而已。但横岭山 M024：1（原始瓷杯），将杯的器把做成牛头状（见原报告彩板壹捌，4），那是表明人们已经把原来的玩耍物抽象化，当做器物的装饰元素了。

四、小　　结

1. 关于文化遗存

本章主要以横岭山遗存，辅以梅花墩遗存，探讨西周至春秋时期的陶器工艺和使用情况。

2. 陶器的质地

不利于陶器的成型和烧制的 Al_2O_3，其比值从早期的 36.6% 逐渐下降到晚期的 26.96%，这是当时窑工对陶器原料选择的认识。同时，我们看到，陶器中可以补偿坯体收缩，减少变形，提高其机械强度的 SiO_2 比值基本稳定，或越晚期略为上升。另一方面，陶器中 Fe_2O_3 的比值很高，并且早晚基本相似，又说明此时陶器原料仍然以就地取土为主，窑工始终没有掌握除铁方法。另外，此时陶器以深灰色者为多见，除了其中 Fe_2O_3 的含量过高之外，还与 TiO_2 的比值偏高有关。

3. 原始瓷器的质地

通过比较获知，横岭山和梅花墩原始瓷器的最显著特点是 Al_2O_3 的含量偏高，这完全区别于中国其他地区的低铝高硅（Al_2O_3 约为 15%，SiO_2 在 70% -80% 之间）者，可以说明这里的原始瓷器是本土生产的。

同时，又将两地原始瓷器与横岭山陶器中的 Al_2O_3、SiO_2、Fe_2O_3 进行比较发现，前者的 Al_2O_3 和 Fe_2O_3 逐渐减少，SiO_2 逐渐增多，说明在陶器向瓷器的转变过程中，窑工把握了技术要点，堪称飞跃。

然而，横岭山与梅花墩的原始瓷器的化学组成基本一样，但横岭山的含铁量为

2.58%，梅花墩为1.78%，相差0.8个百分点。所以说，如果用梅花墩陶土为原料，所制成的原始瓷器，梅花墩与横岭山的成品含铁量不同。进而言之，横岭山的原始瓷器是否由梅花墩输入，还有讨论的余地。

4. 器物的成型和修整

器物的成型有手制法、轮制法和轮修法。手制法一般用于个体较大的器身。梅花墩出土的陶垫和陶拍更充分说明了，制胎程序中内垫外拍的环节，已经更为专业。轮制法多施用于个体较小的器物，或器物的附件。轮修法则针对于器物的修整。两地器物上刻划符号的材料相当丰富，其性质为劳动集体标识的可能性最大。

融修整和装饰功能于一体的是拍印纹饰，纯粹用于装饰的有戳印和刻划纹饰；前者更为普遍。最具特色的拍印纹饰是双"F"纹。它起源于涡纹，大约在西周中期开始流行，春秋时期最为鼎盛，随后急剧衰落。这是一种流畅灵动的图案化拍印纹饰，体现了高超的制陶技术成果，也成为当时风行的审美时尚。此外，与早期几何印纹陶时期的纹饰相近，组合花纹极为普遍。

5. 烧制工艺

此时的陶器和原始瓷器均在还原焰气氛中烧成。其物相组成，早期时多为一些原始矿物形态；逐渐地，胎体中的石英相已经产生了融蚀边，并出现了莫来石晶体；晚期，一些胎体中还产生了方石英晶体，甚至一定数量的玻璃相。烧成温度，早期时约为900℃；逐渐地，部分样品已接近1200℃；晚期，部分印纹硬陶和原始瓷样品的烧成温度已达到了1250℃左右。

根据梅花墩龙窑的结构和筑窑技术推测，配以娴熟的烧窑技术，以木柴为燃料，也能将窑温提高至1250℃，并能基本保证窑室不同部位的温度均匀，但整个烧窑时间会更长一些。

6. 关于器物的使用

从功能的角度考察，此时的贮藏器以泥质罐为主，然而，其中的无耳罐一般放置在比较固定的位置，储存非经常性存入和取出的储物；而有耳罐则恰好相反。陶瓷的用途与无耳罐同。罍、壶和尊，它们的名称与当时中原青铜器的同类者，但功能没有内在的联系；其功能同于泥质陶罐。一定数量泥质器盖的出现，表明日常生活中，存在某些非一次性吃完或必须防潮防蛀的食物。常见的盛器和端食器是盆和杯。

炊煮器以陶釜为主，然而，还有一些三足器用于炊煮。有耳釜的出现，表明随着制陶技术的发展，人们有能力更讲究陶器的使用方便。

陶豆和原始瓷豆是最为流行的盛器或端食器。但是结合横岭山墓地的布局和管理井然有序，以及出产表示身份地位象征物的青铜重器考察，或可认为它们主要用于某些礼仪活动。同时，考虑到簋和瓿的形态与当时中原的同类青铜礼器相近，故不可排除它们与豆之类的器物配合，也用于礼仪活动。

较多种类动物模型的出现，简单地可理解为人们闲暇时聊为消遣的玩耍物；但横岭山原始瓷杯牛头状杯把却暗示着，人们或已将原来的玩耍物抽象化，当做器物的装饰元素了。

第五章 晚期几何印纹陶的陶器

晚期几何印纹陶时期，将探索战国时期的陶器。

一、遗存概况

此时期涉及的文化遗存有深圳观澜追树岭①、叠石山②、屋背岭③、东莞柏洲边④、增城西瓜岭⑤和博罗银岗⑥部分文化遗存。

深圳观澜追树岭遗址位于深圳市宝安区观澜东庵村追树岭北坡上，1982 年调查获得诸如尊、鼎和簋等陶器。叠石山遗址位于南山区西丽茶光村南面，1978 年发掘，

① 杨耀林等：《深圳市先秦遗址调查和试掘》，深圳博物馆《深圳考古发现与研究》第 51 ~ 94 页，文物出版社，1994 年。

② 深圳市博物馆：《深圳市叠石山遗址发掘简报》，《文物》1993 年 11 期。

③ 广东省文物考古研究所等：《深圳屋背岭遗址发掘报告》，《考古学报》2004 年 4 期。

④ 广东省文物考古研究所：《广东省莞深高速公路三期工程东莞东城猪牯岭遗址抢救发掘工作报告》，东莞市博物馆内部资料。

⑤ 广东省文物管理委员会等：《广东增城、始兴的战国遗址》，《考古》1964 年 3 期。

⑥ 广东省文物考古研究所：《广东博罗银岗遗址发掘简报》，《文物》1998 年 7 期。广东省文物考古研究所：《广东博罗银岗遗址第二次发掘》，《文物》2000 年 6 期。

除获得陶器遗存之外，还出土了青铜器和铁器。屋背岭是个墓地遗址，其中有 6 座墓葬属于此时期。

东莞柏洲边遗址位于东莞市东郊的东江南侧冲积平原一处低矮的山冈上，面积约 1.6 万平方米，2006 年发掘了 1150 平方米，所采集的大量陶片表明，文化遗存的年代为战国晚期。

增城西瓜岭遗址位于广州增城市市区西南约 15 公里处的一个小山冈上。1962 年发掘了 110 平方米，其中重要的收获是揭露了 2 座窑址，采集到一批与制陶工艺相关的文化遗存。它们将作为本章重要的辅助资料。

博罗银岗遗址位于博罗县龙溪镇银岗村西南，也是一处窑址。这里东距博罗县城 22 公里，东江于其南面约 2 公里处自东向西流过。遗址由河谷平原上 7 个东西相连接的低矮岗丘组成，当地俗称为"七星伴月"，面积达 10 余万平方米。遗址经过两次发掘。1996 年第一次发掘了 900 平方米，1998 年第二次发掘面积 245 平方米。所获遗存可分为两期，第一期属西周、春秋时期，遗存比较单薄；第二期属与此时期也即战国时期，遗存丰富，本章将以其为主要资料讨论此时期陶器的情况。

二、陶器工艺研究

（一）陶器的质地与颜色

上述几处遗存均未披露发掘报告，我们只能引用《简报》中的相关描述和数据。柏洲边"陶片均为泥质陶，可分为硬陶和软陶两大类，其中印纹硬陶的数量占据绝对优势。硬陶烧成温度高，质地坚硬。胎色以灰色或浅灰色为主"。西瓜岭"陶质以细泥质为主，颜色有灰红、灰褐和红色三种。灰红色陶器的陶土淘洗得较细，很少掺入羼和料，火候很高，击之有铿锵声。灰褐色和红色的陶土仅经过简单的淘洗，羼入少量砂粒为羼和料，火候略低，其中以红色者最低"。另据《简报·表一》知，三种陶器的比例分别是：灰红陶55.96%，灰褐陶24.04%，红陶20.02%。银岗第一次发掘简报说，陶器"分泥质、夹砂两类，以泥质为主"；第二发掘简报称，陶器中的"泥质陶极多，夹砂陶少见。泥质陶以灰陶为主，次为灰褐、红衣、橙黄、米黄和橙红陶，有釉陶片占一定比例"。银岗大型制陶工场遗址的主要发掘人和资料整理人邓宏文研究员，主要依据《广东博罗银岗遗址陶片理化测试数据报告》撰写的《广东博罗银岗遗址陶片化学成分、物理性能分析研究》①（本章下文若引用此文资料时，简称邓文，请见谅），这样描述银岗二期陶片的特征："泥质陶为主，夹砂陶少见。泥质陶中灰陶最多，以下依次为灰褐、红衣、橙黄、米黄和橙红陶，有釉陶片开始发展。"

表5-1乃将邓文附表五中的第二期21个样品，以及本书附录一横岭山3个样品和柏洲边5个样品的数据，各自加权平均后，与本书第四章中的表4-7，组合而成。比较可见，相对于横岭山陶器原料而言，银岗的是高硅低铝（与梅花墩的原始瓷器相近）的，而柏洲边者更为明显，这有利于陶器的成型和烧制；铁的含量依次是：横岭山的5.38%，柏洲边的4.19%，银岗的3.06%，但它们都远高于横岭山和梅花墩原始瓷器加权平均值（2.44%），更高于梅花墩的原始瓷器者（1.78%）——敬请读者理解的是：表5-1中，其一，横岭山发掘报告的数据由中国科学院上海硅酸盐研究所古陶瓷实验室测试，其余的来自华南理工大学公共管理学院，测试数据来自两家单位，或有误差。其二，横岭山陶器加权平均值（2）和柏洲边陶器加权平均值，测试的样品过少，或有误差。

综而言之，陶质以泥质陶为主，其主次量成分以高硅低铝高铁为特点。高火候

---

① 邓宏文：《广东博罗银岗遗址陶片化学成分、物理性能分析研究》，见广东省文物考古研究所编《广东省文物考古研究所建所十周年文集》第166～179页，岭南美术出版社，2001年。

的硬陶以灰色为主色调,火候较低的软陶以红色为基调(表5-2)。值得注意的是出现了一定数量的酱釉陶器。

表5-1 横岭山与银岗、柏洲边陶器主要化学成分比例

（单位:%）

成分 类别	Al_2O_3	SiO_2	Fe_2O_3	数 据 来 源
横岭山陶器加权平均值（1）	31.03	58.68	5.38	发掘报告30个样品
横岭山陶器加权平均值（2）	21.88	66.63	4.50	本书附录一3个样品
横岭山和梅花墩原始瓷加权平均值	26.86	65.70	2.44	发掘报告18个样品
银岗陶器加权平均值	24.51	65.96	3.06	邓文附表五21个样品
柏洲边陶器加权平均值	17.38	67.20	4.19	本书附录一5个样品

表5-2 银岗第二次发掘陶片陶色一览表（采自邓文附表一）

期别	陶色							
	灰陶	灰褐色陶	有釉陶	红衣陶	橙红色陶	橙红色陶	米黄色陶	合计
第一期	2194	1378	--	352	172	1046	757	5899
比例（%）	37.2	23.4	--	6	2.9	17.7	12.8	100
第二期	7932	3925	669	3211	620	2563	1502	20422
比例（%）	38.8	19.2	3.3	15.7	3	12.6	7.4	100

（二）成型、修整、装饰

1. 成型和修整

柏洲边"大型器物如陶瓮、陶罐等以泥条盘筑法成形,口沿与底部分别制成再与器身对接完成；中小型器物基本都以轮制法，陶钵、陶杯等器物的器体可见修整留下的刮削痕，同时器物底部可见轮制切割所留痕迹"。西瓜岭陶器的"制法均为轮制，盖纽、耳和足则是后加的。部分体形较大的瓮、罐、缶、釜、罍、盘和盆的口沿及内壁上，留有粗大的拇指痕迹"。银岗陶器"制坯方法为手制（泥条盘筑）、轮制并存。（较第一期而言）轮制成型器比例激升，但一般器体较小。亦有轮制手制复合成型者"。言下之意，轮制主要用于小个体的陶器，而大个体陶器的主体部分仍为手制，诸如口沿、圈足等，应为轮制成型后，再与主体部分粘接。

无论是手制还是粘接，均需修整。两处窑址均出土有陶拍和陶垫（西瓜岭简报称之为压槌），显然是用于陶器成型中的修整的。修整时用蘑菇状的陶垫支撑着内壁，用雕刻有纹样的陶拍压或拍打相应的外壁。口沿和圈足的粘接是在陶车上边粘接边修整的，有些还留下切割底部所出现的同心圆旋纹。

2. 修整和装饰

在考察此时陶器制作的修整装饰环节时，我们注意到：

在柏洲边的陶器中：器表多装饰有方格纹、米字纹、方格对角线纹以及弦纹＋水波纹组合等，部分器物（特别是陶瓮、陶罐两类器物）的表面还施上一层酱紫色或者褐色的陶衣。除刻划的纹饰外，器表常见的米字纹、方格对角线纹和方格纹均为陶拍拍印，部分器物内壁可见麻点状的陶垫印痕。泥质软陶数量不多，烧成温度低，陶胎硬度不高。胎色多为黄褐色或红褐色。器表拍印方格纹或者施红色陶衣。

在银岗，有釉陶片一般为灰胎酱黑或酱绿釉，釉层薄，易脱落。有的釉玻化良好，有明显裂纹。施釉较厚者常见流釉和积釉现象。素面占1/3强，常见纹饰有以拍印、压印为主而形成的三角格纹、方格纹、米字纹、网格纹、刻划弦纹、水波纹、条形纹、指甲状、篦点状、"之"字状的戳印纹和少量菱格凸点纹、云雷纹、曲折纹、夔纹等。组合纹饰少见，一般为刻划纹和戳印纹的组合，并且饰组合纹饰的器类不多。刻划符号大量出现。

对于西瓜岭的陶器纹饰，我们将发掘简报中的表二略加修改，编排为表5-3，阅读之，也可窥出与上述两处遗存大同小异的现象。

表5-3　增城西瓜岭陶器纹饰一览表　　　　（单位:%）

纹饰		%
素面		6.8
印	米字纹	53.94
	方格纹	28.99
纹	云雷纹	0.29
	席 纹	0.16
	大小方格组合纹	0.10
	云雷方格组合纹	0.10
	米字方格组合纹	0.09
	方格十字纹	—
	绳 纹	—
划纹	水波条形组合纹	6.22
	水波纹	3.10
	水波形篦形条形组合纹	0.48
	条形纹	0.18
	篦形条形组合纹	0.09
	篦形纹	0.04
	划纹镂孔组合纹	0.02
印纹刻划纹组合纹		0.02

下面对此时主要流行一些纹饰（图5-1）稍作解释。

米字纹：这是战国时期岭南最为流行的纹饰，因此有人称此类文化遗存为"米字纹陶类型遗存"。这种纹饰有多种形式和不同的称谓。一般可以这样理解：阳纹中最小的单元是1个正方形及其1条对角线，那么4个共边相连并对称的单元所组成的大正方形中，便呈现出2条对角线与2条中位线交叉而成的"米"字形象，故名之。如果正方形中有2条对角线，它的一半便是1个有底高的等边三角形，这个图形与

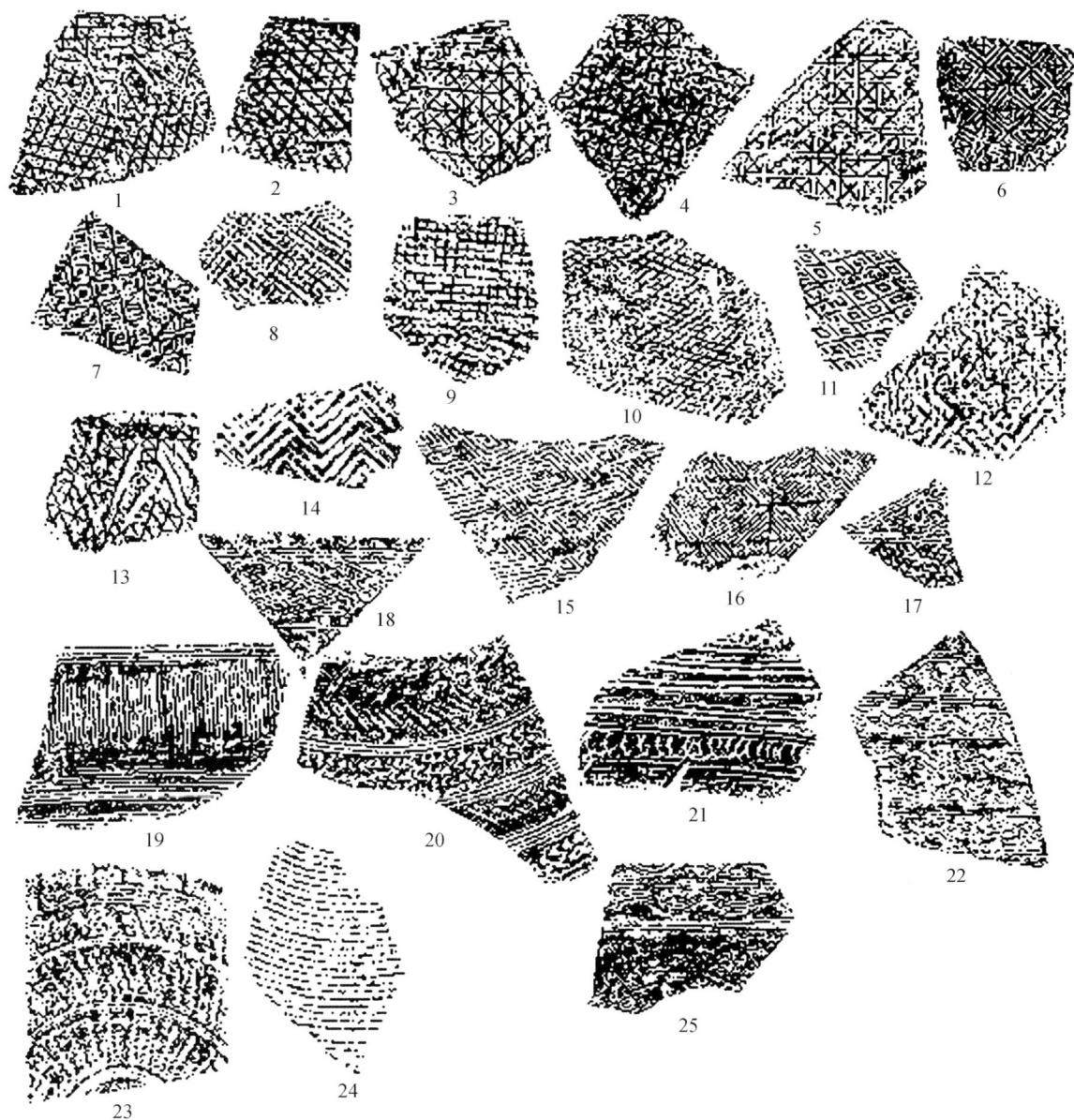

图 5-1　银岗二期陶片纹饰拓片（采自《文物》2000 年 6 期第 9 页）

1. 三角格纹、"W" 形刻划符号　2. 三角格纹　3、4. 米字纹　5 ~ 7. 双线米字纹　8、9. 方格纹　10. 网络纹　11. 菱格凸格纹　12. 双线米字纹、方格纹组合　13. 三角纹、刻画符号　14. 曲折纹　15、16. 云雷纹　17. 网格纹、刻划纹组合　18、19. 刻划条纹　20. 弦纹、篦点纹、指甲状纹组合　21. 弦纹、指甲状纹组合　22. 弦纹、水波纹组合　23. 弦纹、"之" 字纹组合　24. 弦纹　25. 方格纹、弦纹、水波纹组合共边相连并对称的同样图形所组成的正方形中，也会出现"米"字形象；如果正方形中有 2 条对角线，而相连的同样图形并不相互共边，无论如何也能组成出"米"字形象，但其基本单元是一样的，考古工作者也将这种纹饰称为米字纹。这样的纹饰是拍印上去的，据陶拍或观察纹样均可得知，一个陶拍大约为 5 厘米见方，上面雕刻着 4 个或 4 个半"方框米字纹"，修整陶胎时细心连续拍印即可。需要申明的是，这些都是我们为了辨认而解释得过于复杂了，对于不懂得数学和文字的古人，只能简单地把这种纹饰称之为"线格纹"或"交叉线纹"，这相对于春秋时期流行的各种式样的"双 F 纹"，乃至商时期的"组合纹饰"，实际上简单明了许多。

方格纹是第二流行的拍印纹饰。它与三角格纹和网格纹一样，无论从陶拍的制作，还是从纹饰的成型和外观的角度视之，均为简单明了的装饰纹饰。

其他一些拍印纹饰，或可理解为乃对前此纹饰的消极延续。

与拍印纹饰趋向简约的同时，此时逐渐流行了两种装饰纹饰，一种是诸如刻划而成的弦纹、水波纹和条形纹，以及戳印而成的指甲状、箆点状和"之"字状的纹饰，及其组合而成的纹饰。另一种是素面施釉或施陶衣的装饰纹饰。

前一种纹饰在样式上的显著特点是：在构图上以圆心为对称中心，圆心发散式的构图，并利用弦纹把整个圆面（如器盖）或球面（如其他琢器），划分出几个同心圆带，再于其中刻划或戳印各种样式的纹饰，整体上给人以紧凑而又灵动的视觉感受。这种风格的纹饰的逐渐流行，直觉上是人们审美情趣的转变；而这种转变的契机，无疑是日复一日的快轮拉坯。

很容易理解后一种施釉或施陶衣的装饰纹饰的逐渐流行，因为任何时期的任何人群，都会喜好其使用的器具既光滑又明亮；当然，它的出现则与整体制陶工艺水平的提高密切相关。

银岗第二次发掘简报结语中的三句话——"银岗二期陶器群的陶质构成变化不大，但器表施釉或红色陶衣者数量增加，成为不可忽视的重要变异。快轮拉坯和泥条盘筑并行成为最主要的成型方法。在器表拍印、压印以线条构成的几何图形有明显简约化的趋势"——非常准确地概括了此期陶器的装饰情况。

进而言之，把先秦古人始终将陶器的装饰纹饰当做展现美的主要载体，作为前提，那么，从工艺上说，陶器的成型多为手制，则需加强对器壁进行滚轧或拍打，这样就必定要在器壁上留下各种形式的"印纹"，但是：陶器制作技术并非很高时，其印纹只能以多样的形式，以及"组合印纹"来表现时尚的美（例如早期几何印纹陶时期）；随着制陶技术水平的提高，流畅灵动的图案化双"F"纹最具表现力，它便成为主流而风行（例如中期几何印纹陶时期）；此期，陶器的主要成型方法是快轮拉坯和泥条盘筑并行，何物能够代替组合印纹抑或是双 F 纹来展现人们的审美时尚呢？于是，光滑且富有光泽的陶衣或陶釉，以及圆心发散式的构图和几个同心圆带多种样式的纹饰，也就悄然流行了，理所当然地，器表上以线条构成的几何图形便趋向简约化了。也许，这就是形成此期陶器装饰情况的内在原因。

（三）陶器的烧制工艺

1. 窑温与烧成气氛

从表 5-4 中可看到的基本事实是：陶器的烧成温度最低的 900℃，最高的 1150℃。如果以 1000℃ 为界限，即可发现，以上者，除了个别样本之外，其余绝大多数为还原焰气氛烧成，以及肉眼所判断的"硬陶"或"釉陶"，呈灰或灰褐色，即如陶器的质地与颜色所描述的，"高火候的硬陶以灰色为主色调"。以下者，绝大多数为氧化气氛烧成，以及肉眼所判断的"软陶"，呈橙红、橙黄、米黄或红衣颜色，也与上文所说的"火候较低的软陶以红色为基调"，相吻合。易言之，灰色调的硬陶和釉陶，在 1000℃ ~1150℃ 的还原气氛中烧成；红色调的软陶在 900℃ ~1000℃ 的氧化气氛中烧成。

表5-4　柏洲边和银岗陶器烧成工艺和物理性能一览表

遗址	样本编号	样本性状	烧成℃	气氛	吸水%	莫氏硬度	数据来源
柏洲边	ⅢT2216H7④:25/CS0018	胎灰白、表青绿色釉	1020	还原	2.99	5	本书附录一、表1、表2
	ⅢT2216③/CS0019	胎有褐黑夹层、表黑色	980	还原	4.58	5	
	ⅢT2216H7①/CS0020	胎夹细砂灰黑色、表黑色	950	还原	6.19	4	
	ⅢT0104H1/CS0021	胎、表均呈灰褐色	1020	还原	12.37	5	
	ⅢT2216H11/CS0022	胎、表均呈砖红色	1020	氧化	13.60	5	
银岗	A1	胎灰白、表灰手制硬陶	1100	还原	1.13	5	邓文附表二、表三
	B1	胎灰黑、表灰手制硬陶	1150	还原	3.40	5	
	C1	胎灰白、表灰手制硬陶	1150	还原	7.69	4	
	A2	胎灰、表灰褐手制硬陶	1050	还原	1.75	5	
	B2	胎灰白、表灰褐手制硬陶	1150	还-氧	2.18	5	
	C2	胎灰白、表灰褐手制硬陶	1150	还原	4.60	4	
	A3	胎灰、表橙红手制陶	1100	还原	2.60	5	
	B3	胎表橙红手制软陶	950	氧化	16.33	3	
	C3	胎表橙红手制软陶	950	氧化	15.80	3	
	A4	胎表橙黄手制软陶	950	氧化	12.40	3	
	B4	胎橙黄轮制陶	930	氧化	16.61	3	
	C4	胎表橙黄手制软陶	——	还-氧	14.80	3	
	A5	胎表米黄手制陶	950	氧化	12.06	3	
	B5	胎表米黄手制软陶	900	氧化	19.063	3	
	C5	胎表米黄手制软陶	900	氧化	18.54	3	
	A6	胎米黄、表红衣手制软陶	950	氧化	14.54	3	
	B6	胎灰、表红衣手制软陶	950	氧化	12.28	3	
	C6	胎黄、表红衣手制软陶	950	氧化	17.27	3	
	A7-1	胎灰、表酱釉轮制陶	——	氧化	8.88	4	
	A7-4	胎灰、表酱釉轮制硬陶	——	氧化	——	——	
	B7-1	胎灰、表酱绿釉轮制硬陶	1150	还原	3.77	5	

续表

遗址	样本编号	样本性状	烧成℃	气氛	吸水%	莫氏硬度	数据来源
银岗	B7-2	胎灰、表酱黑釉轮制陶	——	还原	——	——	邓文附表二、表三
	B7-3	胎灰、表酱黑釉手制陶	1150	还原	3.37	5	
	C7-1	胎黑、表酱黑釉轮制硬陶	1150	还原	2.74	4	
	C7-2	胎灰黑、表酱釉轮制硬陶	——	还原	4.05	4	
	C7-3	胎灰、表酱绿釉轮制硬陶	——	还原	3.54	4	

以这个基本事实为基础，再参考上文的表5-2即可知，高温硬陶在春秋和战国时期均为比较流行的陶器品种——表5-2显示：第一期和第二期灰色调的陶器分别占60.6%和61.3%，红色调的分别是39.4和38.7%。然而，此时期釉陶占3.3%，比例有所增高。

另一个事实是，银岗没有一个样本的烧成温度超过1150℃，而较之为早的横岭山或梅花墩硬陶，烧成温度为1250℃的样本并不罕见，甚至有达到1270℃者。以宏观聚落形态①的视角去考察梅花墩窑址、横岭山遗址、银岗窑场和西瓜岭窑址等遗存，年代衔接，地域相近，可视为"时间上连续，空间上稳定的聚落群"，为何晚期的烧窑温度反而比早期低了许多呢？而且早期横岭山或梅花墩较多地出土原始瓷器（或者说含铁量接近2%的产品），银岗第二期却不复见到了呢？它与银岗窑工无法把窑温提高到1250℃密切相关吗？这些都是值得探讨的问题。

---

① 聚落形态考古是一种方法论，宏观聚落形态（macrosettlement patterns）的作业程序主要的目的是：①把聚落单位集聚成为有某种意义的更大的单位；②辨认这更大单位之中各个聚落单位之间的关系的规则性；③对这种规则性加以解释。参张光直：《考古学专题六讲·谈聚落形态考古》第90页，文物出版社，1986年。

2. 关于陶窑

银岗发现有窑址，但未经发掘，我们只能从其生产状况中去推测窑炉的情况。银岗第一次发掘简报结语："松古岭西坡（Ⅱ区）出土遗物相当丰富，而且主要是完整和可复原的残次陶器，这里应是窑场废弃品、垃圾的场所；东坡（Ⅲ区）发现大量有序的柱洞和一些灰坑，当属制陶作坊区，南坡调查发现窑渣、烧土和废弃的器物，推测应是窑炉所在。此外，发掘区还出土有不少制陶、施纹的工具和垫烧窑具；而且与松古岭相邻的几个岗丘都发现窑渣、烧土及废弃的窑产品堆积。由此可以初步判明，银岗遗址是一处延续时间较长的大型制陶工场遗址。该窑场从西周、春秋直至战国，期间似无明显的间断。特别是在银岗二期，……产品种类、数量都远胜于一期。常出现于轮制成型器物之上的刻划符号在二期显著增多，极有可能即与产量的提高有关。……（既出土了日常生活器皿），也出土了瓦类建筑材料和陶塑动物，同时还出土了一批陶拍、垫等制陶工具和铜、铁器。"

银岗第二次发掘简报结语："银岗遗址作为一个大型制陶工场遗址，在Ⅱ区发现属于银岗二期的陶器种类、数量远远超过一期，说明这一时期生产规模的急剧扩大。……与银岗遗址比邻，同处东江三角洲的博罗圆洲梅花墩曾发现春秋时期龙窑一座，增城太平西瓜岭发现战国龙窑两座，两处遗址出土陶片与银岗遗址虽不尽相同，但仍有相当大的可比性，梅花墩窑出土的有釉陶片更达到原始瓷的标准。因此春秋战国时的东江三角洲在相当长的时期中和相当大的范围内，均存在比较繁荣的陶业生产，理应成为我国南方地区瓷器起源阶段研究的又一个重要地区。"

综而言之，银岗窑场专业化生产的、产品用于交换的大型窑场，战国时期乃其鼎盛期[①]。这样的窑场，理当利用龙窑烧制陶器，而且其烧窑技术也应相对

---

① 赵善德等：《两周时期东江流域及其南部的商品交换活动》，《中国市场》2009 年 12 月号。

较高。

然而，在增城西瓜岭，"在探方 2 中，揭露出两座残窑址。一号窑仅保留一残壁，残长 7.6、残高 1.54、宽 2 米。正东西向，窑口朝东。窑身约呈长条形，圆券顶，前端宽并高于后端。系平地起建，窑底未经修整，前端有一长 2.2、深 0.54 米的方坑，可能是窑址的火膛。窑壁似经夯抒，但夯筑并不牢固，夯土中含有少量陶片，内壁的红烧土层厚 0.2 米。窑里满堆红烧土、窑壁块、残陶器、制陶工具（如陶压槌、陶环形垫）、砺石等。二号窑在一号窑南面，仅残存一个长 1.72、宽 1.52、深 0.26 米的火膛，火膛的壁及底部均有·层厚 0.6 米左右的坚硬红烧土层，其他部分已毁坏无存。由于一号窑的南壁压在二号窑的火膛上，打破了二号窑，又两窑中出土物的特点相同，故它们建造的时间不会相差过远"。

阅读表 5-5 可知，两处窑址明显的区别在于窑室，梅花墩的作 12°斜坡状，前窄后宽；西瓜岭的平地起建，前宽高后窄矮。实际上，西瓜岭的窑室堆积物多而杂，故其底部是否也作斜坡状，尚可存疑；唯一不解的是把窑室设计为"前端宽并高于后端"格式的空间，或者与烧成气氛有关？

概而言之，此期的陶窑与春秋时期的基本相同，均为龙窑。

表 5-5　梅花墩春秋龙窑与西瓜岭战国龙窑结构比较

	梅花墩春秋龙窑	西瓜岭战国龙窑
方向	东北	正东
窑体	长 15 米，窑壁夯筑，窑顶已毁	或残长 7.6 米，窑壁夯筑不牢固，圆券顶
火膛	椭圆形，长 1.95、宽 1.5、深 0.5 米	椭圆形，长 2.2、宽 1.52、深 0.54 米
窑室	前窄后宽，长 6.5、宽 2、残高 0.4-1.1 米，底部作 12°斜坡状，垫土铺沙修整	前宽高后窄矮，或残长 7.6、宽 2、残高 1.54 米。平地起建，底有红烧土层
烟道	已残	已残

三、陶器使用研究

柏洲边的器类有鼎、釜、罐、瓮、杯、钵、器盖、盒和器座等。银岗的器物种类有罐、釜、盒、三足盒、碗、杯、器盖以及钵、鼎、盂、瓿、串珠、璧、瓦、纺轮、垫、拍、环和陶塑动物模型等。陶器造型盛行平底器和三足器。典型器物有饰米字纹的敞口卷沿平底罐、子口直腹平底素面盒、三足盒、饰刻划弦纹和篦点状、指甲状或"之"字状戳印纹的圆饼形纽或桥形纽器盖、方唇直口束颈罐形鼎、敛口斜直腹平底釉陶盂、方唇鼓腹平底双耳瓿、直腹平底碗等。西瓜岭的器类除了表5-6所见，还有一些非日常生活所用的陶器，例如，制陶的压槌、杵状器、印模、环形垫等共166件，筒瓦和板瓦以及陶鸡、马等。下面按西瓜岭的比例顺序分述。

表 5-6　西瓜岭日用陶器种类一览表

器类	%
瓮 罐 类	66. 72
缶 类	5. 31
釜 类	9. 59
罍 盂 类	7. 60
盆 类	0. 74
盘 类	0. 46
壶 类	0. 16
坛 类	0. 56
盒 类	1. 73
盅 类	1. 40
碗 类	4. 76
杯 类	0. 75
鼎 类	0. 25
类似鬲足	0. 07

瓮和罐（图5-2-1、2），是贮藏器，为各处遗址出土比例最高者，西瓜岭遗存竟达到66.72%。它们应当是储存谷物的，出土比例之高从一个侧面说明当时的农业比较发展的情况。此外，虽为平底器，但只要在底部垫上木块或其他能够隔离器底的防潮物即可防潮。

盒（图5-3-2、3），有平底者也有三足者。这类器物与南越国时期的同名器物（多有盖）的形态相似。彼时此类器物用于存放一些海产干货或调味用的植物干果，又由于遗址背山临江，又有网坠（图5-4-5、6）出土，或可认为此时陶盒的用途近似于彼。

釜和鼎（图5-2-3、5、6），无疑是炊煮器。出土比例次高。3处遗存中的釜均为如图所见的两种样式，可知用釜炊煮时难于加盖。由鼎内凹的沿面推测，炊煮时或有加盖，这就与釜"互补"了。无论是便于搬动的鼎，抑或是便于提放的直口双耳釜，均前此偶见，如今似有流行之势，这应是人们家居生活方式或有变化所致。

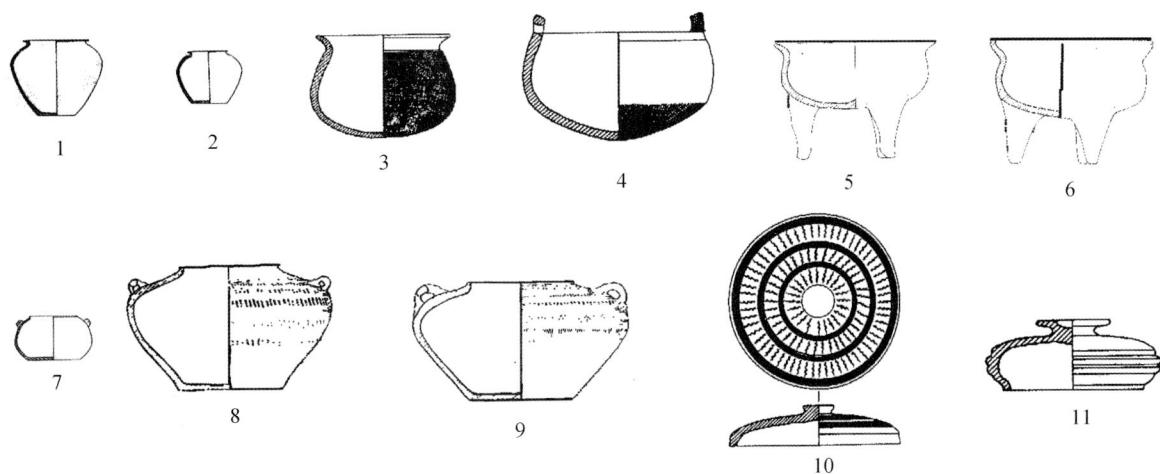

图 5-2　出土陶器

1、2. 西瓜岭瓮罐　3. 银岗釜　4. 银岗双耳釜　5、6. 银岗鼎　7. 西瓜岭莹盂　8、9. 银岗瓿　10、11. 银岗器盖

（1、2、7采自西瓜岭报告第328页，3、4、10、11采自《文物》1998年7期第24页，其余采自《文物》2000年第6期第10页）

器盖（图 5-2-10、11）软陶、釉陶均有。一般饰同心圆弧带状的篦点纹，属于此时期富有特色的纹饰。如上述，由于鼎的沿面内凹，或意为便于加盖，如此，器盖当与鼎配合使用。

罍和瓿（图 5-2-8、9）或为盛水器或为盛酒器。基于以下理由暂且倾向于酒器：器物的形态确实与商周时期同名青铜酒器相似，也与南越国时期同一名称的陶酒器相似；如果在人们的家居生活中需要备有水器，这类器物的体量嫌小；此前的中期几何印纹陶时期，此类陶器业已开始出现，现在三处遗存均有一定数量出土，而且与盛酒器有着联系的、诸如杯、盅、盂之类的饮器器物（图 5-3-6、7）也并不鲜见。

碗和钵（图 5-3-4、5），出土较多。这应是常见的端食器。

盘和洗（图 5-3-1、8、9），盘有平底的也有三足的，器身略深的可称之为盆或洗。估计，欠发达的农业社会的家居生活，一般不会置备盥洗用具，故它们同为盛食器。璧、环和串珠（图 5-3-10 ～ 14），既然这三种命名的器物相伴出土，那么即可认为它们乃陶质的装饰物品。

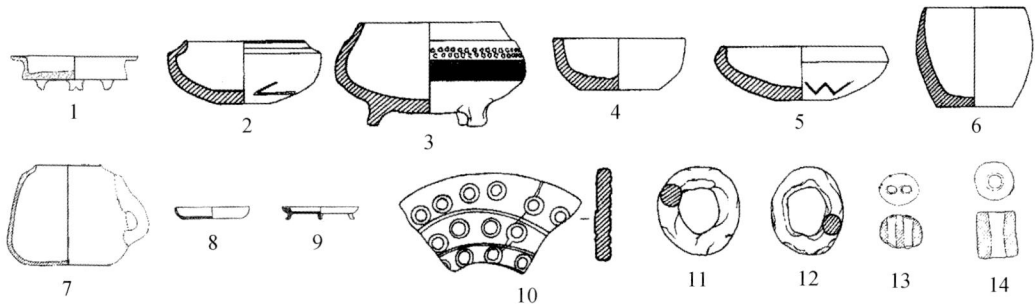

图 5-3　出土陶器

1. 三足洗　2. 银岗盒　3. 银岗三足盒　4. 银岗 A 型碗　5. 银岗钵　6. 银岗 A 型杯　7. 银岗单耳杯　8、9. 西瓜岭盘类　10. 银岗璧　11、12. 银岗环　13、14. 银岗串珠

（1、7、13、14 采自《文物》2000 年 6 期第 10 ～ 13 页，2、6、10、12 采自《文物》1998 年 7 期第 24 页，8、9 采自西瓜岭报告第 328 页）

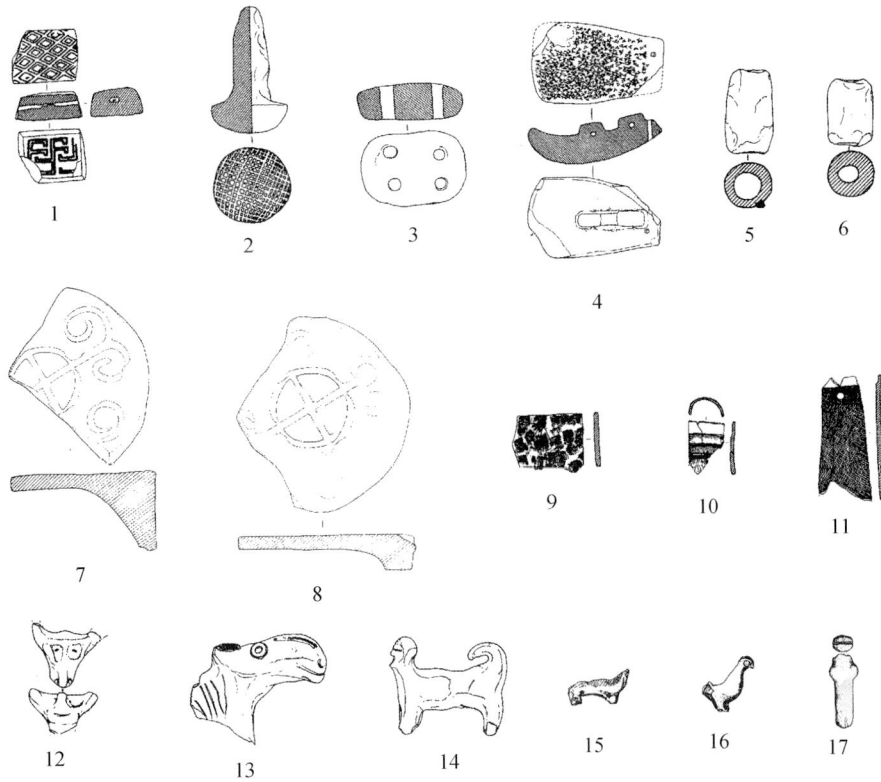

图 5-4　陶器

1、2. 银岗陶拍　3. 银岗四孔器　4. 银岗陶垫　5、6. 银岗网坠　7、8. 银岗瓦当　9. 银岗板瓦　10、11. 银岗铜瓦　12~14. 银岗动物模犁　15. 西瓜岭陶马　16. 西瓜岭陶鸡　17. 西瓜岭陶祖

（1~4、9~14 采自《文物》1998 年 7 期第 27 页，7、8 采自《文物》2000 年 6 期第 13 页，15、16 采自西瓜岭报告第 330 页）

陶拍和陶垫（图 5-4-1、2、4），无疑是制陶用具。

板瓦、筒瓦和瓦当（图 5-4-7~10），无疑是建筑用陶。

动物模型（图 5-4-12~16），有人、马、狗和鸡等。这是东周时期窑址常见的陶质玩物。

陶祖（图 5-4-17），西瓜岭出土 2 件。

四、小　　结

1. 关于文化遗存

本章所讨论的文化遗存，主要是位于惠阳平原上两处相距约 20 公里的窑址。博罗银岗遗址是近年发掘的大型窑场，其鼎盛期的遗存属于本期；增城西瓜岭的遗存略为单薄，但发现了本期的 2 座窑址，其中的 1 号窑的材料，弥为珍贵。

2. 陶器的质地和颜色

总的来说，此时期的陶质以泥质陶为主。银岗陶器的物理化学分析的数据比较丰富，虽然陶土的化学成分以高硅低铝高铁为特点，但从物理现象方面考察，又可将其分为高温硬陶、低温软陶和釉陶三大类。硬陶以灰色为主色调，软陶以红色为基调，以铁和钛为显色剂的釉多呈酱黑或酱绿色，色调偏黑，色度偏暗。

3. 器物的成型和修整

陶器的成型方法为手制兼轮制。大个体陶器的主体部分仍为泥条盘筑手制法做成，轮制法主要用于陶器的口沿和圈足等小圆部分以及小个体的陶器。大个体陶器的最后成型需要粘接。在粘接的同时，便进行修整。修整时用蘑菇状的陶垫支撑着内壁，用雕刻有纹样的陶拍压或拍打相应的外壁，于是便留下了拍印纹饰；口沿和圈足的粘接是在陶车上边粘接边修整的。轮制陶器的成型和修整都在陶车上同时进行，过程中，便装饰以圆心发散式的构图的图案。

以造纹的标准分类，此时期比较流行的纹饰有三大类：一是拍印纹饰。主要有米字纹、三角格纹、方格纹、网格纹，组合纹饰少见。二是刻划戳印纹饰。有刻划而成的弦纹、水波纹和条形纹以及戳印而成的指甲纹、篦点纹、"之"字纹。三是施釉陶器。同时，刻划符号大量出现。

此时期最为流行的纹饰米字纹。确切地说，米字纹应叫"方框米字纹"它的最小单元是1个正方形及其1条对角线，被我们所称谓的纹样，是4个共边相连并对称的最小单元所组成的、大正方形中的形象。因此，从原本造纹的角度出发，米字纹相对于春秋时期的"双F纹"，乃至商时期拍印的"组合纹饰"，要简单明了许多。

方格纹是第二流行的拍印纹饰。它与三角格纹和网格纹一样，均为简单明了的装饰纹饰。

与拍印纹饰趋向简约的同时，此时逐渐流行的刻划纹和戳印纹。其特点是：以圆心为对称中心，圆心发散式的构图，并利用弦纹把整个陶器的圆面或球面，划分出几个同心圆弧带，再于其中加饰各种纹饰，整体上给人以紧凑而又灵动的视觉感受。

釉陶一般为灰胎酱黑或酱绿釉，个别的釉玻化良好。釉层薄，易脱落，但施釉较厚者则见流釉或积釉，均有明显裂纹。它的出现与整体制陶工艺水平的提高密切相关。

可从制陶工艺上理解上述纹饰。当陶器的成型多为手制时，滚轧或拍打是修整的主要工序，拍印纹饰流行。拍印纹饰是装饰纹饰，它必定不断地追求美感，于是，经历了多种纹样和组合纹样，最后发展到"最美"的双"F"纹。然而，随着快轮拉坯成型法不断成熟，以及人们逐渐认识到高温烧窑时有些原料能够产生光滑而富有光泽的"釉体"，于是，圆心发散式的构图和几个同心圆带多种样式的纹饰以及陶衣或陶釉装饰，也就悄然流行了。理所当然地，器表上以线条构成的几何图形便趋向简约化。

4. 烧制工艺

分析主要来自银岗陶器的物理化学测试数据以及经验的观察判断发现，此时期的陶器，烧成温度在1000℃～1150℃的、灰色调的硬陶和釉陶，是在还原气氛中烧成的。900℃～1000℃的、红色调的软陶，是在氧化气氛中烧成的。

同时，与前一时期的陶器比较，此前的烧成温度高达 1250℃ 左右，此时期的大为降低；此前的绝大多数在还原气氛中烧成，此时期的高温者在还原气氛中烧成，低温者氧化气氛中烧成。个中原因何在？分析表 5-1，陶器原料的成分主次量无大差别，原因不在此；以聚落形态考古的视角考察，梅花墩窑址、横岭山遗址、银岗窑场和西瓜岭窑址等遗存，年代衔接，地域相近，应为一定的时间和空间上稳定的聚落群，文化传统方面当无断裂。我们比较梅花墩春秋龙窑与西瓜岭战国龙窑结构获知，虽然两处均为龙窑，但窑室却有区别：梅花墩的作 12° 斜坡状，前窄后宽；西瓜岭的平地起建，前宽高后窄矮。假如多量的陶坯放置在"平地起建，前宽高后窄矮"中焙烧，就会出现部分是在高温的还原焰气氛中成品，有些却在低温氧化气氛中烧成。这除了需要科学原理上予以说明，还必须通过实验来验证，故此仅提出问题。

5. 关于器物的使用

瓮和罐作为储存谷物的盛贮器，出土比例之高，从一个侧面说明当时的农业比较发展的情况。

盒的形态与南越国时期的同名器物相似，或同于彼乃用于存放水产干货或植物干果。

出土比例次高的炊煮器中，便于搬动和提放的鼎和直口双耳釜，如今似有流行之势，当为人们家居生活方式发生变化所致。

盘和洗有平底的也有三足的，器身略深的可称之为盆或洗。估计，欠发达的农业社会的家居生活，一般不会置备盥洗用具，故它们同为盛食器。

三处遗存均有一定数量出土的罍和瓿，既与商周时期同名青铜酒器，又与南越国时期同陶酒器相似，再联系与此时期并不鲜见杯、盅、盂之类饮器，可认为它们是酒器可能性大于水器。

碗和钵出土较多，应是常见的端食器。

璧、环和串珠相伴出土，应是陶质的装饰物品。

西瓜岭出有2件陶祖，不可妄论，但须关注。

延续前一时期，诸如陶拍和陶垫等制陶用具，仍为常见之物。

动物模型有人、马、狗和鸡等。其中马最值得关注。

两处窑室均出土了板瓦、筒瓦和瓦当等建筑用陶，让我们联想到西瓜岭窑室的夯筑圆券顶，是具备技术基础的。

第六章 基本结论

陶器的原材料丰富易得，其成型和烧制工艺远比金属器简单，所以在古人日常生活中，陶器大量地被使用，但易于损坏，所以被遗弃的数量甚多。故在实际收集的文化遗存中，陶器是最大量的。我们可能从中获取古人生产生活的丰富信息，譬如：陶器组合和形态变化，频率最高，内容最丰富，是判断古人生产生活变动的、绝佳的年代学依据；从手制到轮制陶器，从无羼和料到有羼和料陶器，从自然露烧到有窑并控制烧成气氛烧制陶器，从无釉到有釉陶器，……均从一个侧面指示着远古人类生产能力的变化；然而，从单一简易的炊煮到多样复杂的盛贮陶器，从家居生活到建筑材料陶器，从素面无华到寓意装饰的陶器，……又从另一侧面反映了远古人类生活内容甚至社会观念的变化。总之，在先秦考古研究中，陶器是最基本的、最重要的研究环节。

我们选择东江三角洲平原的先秦陶器进行研究，原因在于，这里的考古资料最为丰富和典型。例如，本书按四个时段：

前几何印纹陶时期，即距今 7000～5000 年间；

早期几何印纹陶时期，即距今约 5000 年至中国历史中的商代；

中期几何印纹陶时期，即西周和春秋时期；

晚期几何印纹陶时期，即战国时期。

分章探讨陶器的情况时，东江三角洲均有前沿后续的考古资料可供利用。例如，深圳咸头岭、东莞村头、博罗横岭山和银岗遗存，分别是上述四个时期的、最典型的考古资料，而且，发掘和整理这些考古资料的考古学家，均邀请了科技考古研究人员，利用实验科学的手段和方法，对其中的陶器资料做过物理化学测试，分析其测试数据，积累了较为丰富的研究成果。

同时，从地理学的角度考虑，东江三角洲又是一个适合于先秦古人谋生繁衍，持续生存，积淀文化的自然地理单元。关于此，我们重新论证了它上位的地理单元："岭南"和珠江三角洲的地理情况以及它们在岭南古文化发展过程中的重要地位。结论要点如下。

严格地说，"岭南"并非地理词汇。在地理学中，只是把包括大庾、骑田、萌渚、都庞和越城五岭在内的、东西绵延1000多公里的、平均海拔约1000米的山脉，称为南岭山脉。不过，南岭山脉确实是一道天然的地理屏障，它既是中国南亚热带与中亚热带，又是南北生物分布的天然分界线。因此，南岭以南与南岭以北的地理环境是截然不同的。如果说，先秦文化是人们有效地适应生态环境的产物；那么，南岭以南的文化内涵和品格也就区别于南岭以北广袤地区的各种区域文化了。于是，文化学界或历史学界便有了"岭南文化"之说。

然而再细分，南岭以南并非只有一个下位的自然地理单元。我们分析了此间的地貌、土壤和植被发现，从南岭山脉最西的、越城岭南麓的广西兴安到桂林一带，往西南至柳州偏西一带，再往西南到南宁偏东一带，一直至北部湾顶端的中越边境，又存在一条北东—南西走向的地理界带，这条地理界带以东的地貌、土壤和植被大同小异，具有一定的共性，而与界带以西者差异较大。

粗略梳理南岭以南先秦至西汉初南越国时期的历史发现，岭南文化的发祥地和中心区域，实乃珠江水系，尤其是珠江三角洲地区。这种文化，历经了海洋文化→渔猎文化→初始农业文化→农业文化的嬗变，最后形成了她的海洋性（江河性）、协调性、开放性、灵活性的品格；然而，其分布地域基本没有向西北越过上述地理界带。因此本书把文化学界和历史学界中经常涉及"先秦岭南文化"中的"岭南"这个文化地理概念，界定为：南岭山脉以南，大致包括今北海、南宁、柳州、桂林、兴安一线以东的广西东部地区以及今广东全境地区，在先秦时期所形成的区域文化。

岭南地区，分布着珠江水系和韩江水系（广东也习称梅江—韩江水系）两大水系。比较这两大水系得知：其一，珠江源远流长，流域面积大，自身发展空间广阔；韩江短促，流域面积小，自身发展空间受制约。其二，珠江居于岭南之中，辐辏通衢；韩江偏于东北一隅，与外界联系通道有限。其三，珠江诸河段自然资源丰富而多样，三角洲的形成较早且过程独特，有利于远古人类从采集狩猎文化→渔猎文化→初始农业文化→农业文化历程的推进以及特色文化的形成；韩江三角洲形成较晚，先秦时期仅可利用中游单纯的山地资源，文化发展的历程简单而艰难。因此，珠江流域，尤其是珠江三角洲地区，形成岭南文化的中心区域，是具有较优越的自然地理条件的。

上文意在重申本书所选择研究对象的必要性和可能性以及时间和空间的界限。下面，我们将以本书第二章至第五章的内容为基础，分别归纳陶器四种要素——原料的选择和加工，成型、修整和装饰，烧制，种类、形制和使用——的概况及其变化轨迹。同时，这四种要素中某一要素的存在和变化，首先与其他要素相互依存，相互制约；其次，它又与当时的生态环境、社会生产能力和文化传统密切联系。故此，我们在阐述陶器要素变化时，也将择要说明某一要素与其他因素的关系。

一、关于陶器原料的选择和加工

（一）前几何印纹陶时期

本书把古代窑工为使陶器受热和散热快而均匀，有意识地在陶土中添加羼和料（砂）的陶器，称为夹砂陶器；因为陶土淘洗得不够精细，而在陶坯中留存有砂粒的陶器称为有砂陶器。

距今7000~5000年间遗存中,较早阶段的咸头岭文化中的陶器,是目前所知珠江三角洲地区有准确测年的最早陶器;其中夹砂陶器的比例颇高。如此,其中的"砂"是当时窑工有意识地添加的吗?答案是肯定的。因为:考古学家所称谓的、用于炊煮的釜和支脚等陶器,均含砂粒较多;用于盛贮的罐和碗、钵、盘等陶器,陶胎均较细腻;同时,制作工艺要求较高的白陶和施彩陶器等陶器,与这些夹砂陶器伴出;等等,说明咸头岭先民已经意识到夹砂陶器和泥质陶器在受热等性能方面的差异,并根据它们的这种差异而设计了不同功用的器形。

咸头岭遗存中出现有相当数量的白陶和黄白陶。这类陶器中呈白灰色者,Al_2O_3的平均含量为28.77%,Fe_2O_3为2.82%,而一般陶器分别为27.2%和3.95%,表明它们原料的组成成分特点是低铁高铝;这是咸头岭古人烧成白陶和黄白陶的关键所在。然而,这并非说明当时窑工已经掌握有效的添铝除铁方法,只是因为当时采集陶器原料的地点为"沙堤—潟湖生境"中的山麓,而山麓的堆积是以变质岩为主体的陆相沉积,黏土中Al_2O_3的成分高,Fe_2O_3的成分低所致。

(二) 早期几何印纹陶时期

在前几何印纹陶时期的后半段,陶器中的夹砂陶器比例高达90%左右,这种现象延续至此期的较早阶段,即距今约4500年前后的一段时间里,也是如此;但其中羼和料的颗粒细小、排列较均匀的细砂陶比例较高,或可达65%。至距今约3300年间,夹砂陶器的比例约占50%;其中细砂陶与粗砂陶的比例相当。再晚至晚商初期即距今约3200年间,夹砂陶器的比例或不足20%;细砂陶比例与粗砂陶的比例相当。

夹砂陶器比例的渐次下降,当与人们对陶器的功能选择有关。大致在距今

4300～4000 年间（或更晚近些），遗存所在地是正在迅速形成中的惠阳平原，致使人们的谋生活动更多地依赖陆地资源，提高了农业经济的成分而导致社会生活的变化，适应之乃泥质的盛贮器增多。

细砂陶器的比例较早时较高，随后渐次下降，这与陶器原料的化学成分有关。经过测试，此期陶器中 SiO_2 的比例接近 70%，均远高于同为东江三角洲、但年代为其早或晚的咸头岭或横岭山陶器。众所周知，陶土中含硅量过高，当缺乏黏性，不利于陶器的成型和烧成，在无法提高窑温的情况下，唯有把陶土淘洗得更细腻些，自然也就产生了高比例的细砂陶器。然而，随着现在东江南岸的不断淤积，土层中的有机物在不断增多，氧化硅的比例也就降低，陶土中的黏性也在增强，在提高泥质陶比例的同时，制作夹砂陶器的陶土也就不必过于着意去精细淘洗，因而细砂陶器的比例渐次下降，顺理成章。

此时期泥质陶器数量虽多，但不见前几何印纹陶时期的白陶和黄白陶。

（三）中期几何印纹陶时期

此时期的支撑材料横岭山墓地遗存，属于抢救性发掘项目，这对了解陶器情况有一定局限性。对于夹砂陶器，发掘报告只做简单描述：夹砂陶数量较少，主要为釜类、器座和个别罐类。夹砂有多有少，质地均较软。实际上，此时期农业经济已有相当发展，制陶水平极高，那为什么夹砂陶却是"质地较软"呢？很可能是人们对于仅仅用在炊煮的夹砂陶器，并不刻意去追求它们的更高品质；而把注意力放在泥质陶器和原始瓷器上面。

对于数量更多的泥质陶器的原料，从科技考古工作者的测试数据中得知，其一，Al_2O_3 的比值从较早阶段的 36.6% 逐渐下降到较晚阶段的 26.96%。这表明，窑工们已经认识到，原料中铝的含量过高，不利于制品的成型和烧制，于是逐渐趋向于选择氧化铝含量低的原料。其二，SiO_2的比值基本稳定，或较晚间段略为上升。我们知道，氧化硅在高温中有适当的膨胀性，可以补偿陶器坯体的收缩，减少变形，提高坯体的机械强度。既然氧化硅的比值基本稳定，或较晚阶段略为上升，则表明当时窑工已粗略了解这个事实：在窑温得以提高的前提下，尽量选择氧化硅含量较高的陶器原料。其三，横岭山陶器中 Fe_2O_3 的比值为 5.38%，并且早晚基本稳定。众所周知，陶器胎体中含铁量过高，在氧化焰气氛中烧成，成品显红褐色，在还原焰气氛中烧成，呈灰褐色并散布黑色斑点。横岭山陶器属于后者。显然，横岭山陶器是就地取土制成的；并且，窑工始终没有掌握对陶土的除铁方法。

此外，科技考古研究人员主要根据两地样品釉的测试数据相近认为，梅花墩窑址应是横岭山原始瓷器的产地之一。然而，横岭山原始瓷器含铁量的平均值是 2.58%，比梅花墩的 1.78% 多出 0.8 个百分点，相差较大。若倾向于科技考古研究者的结论，唯一合理的解释是：窑工们在逐渐认识原料中的含铁量与原始瓷器成品之间关系的过程中，有意识地选择了含铁量相对低的陶土为原料；而这种原料是稀缺的，我们现在仅能在少数原始瓷器成品中能测试到。

（四）晚期几何印纹陶时期

陶质以泥质陶为主，其主次量成分以高硅低铝高铁为特点。高火候的硬陶以灰色为主色调，火候较低的软陶以红色为基调。值得注意的有两点：第一点是出现了一定数量的酱釉陶器；第二点是前一时期较多见的原始瓷器却销声匿迹。关于第二点，就原料而言，被我们称为原始瓷器者，其含铁量一般在 2% 左右，低于此时期的高温硬陶和酱釉陶器的 3% 左右。是否因为此时尚未掌握除铁方法，而含铁量相对低的陶土原料又难于寻觅和选择所致，值得注意。

上述四个时期的陶器原料选择和加工变化轨迹是：夹砂陶器和泥质陶器的比例

方面，最早出现了夹砂陶器，随后它的比例不断增高，经过细砂陶器在其中所占比例的起伏后，夹砂陶器的比例下降，泥质陶器的比例占绝对优势。在夹砂陶器和泥质陶器的质量方面，夹砂陶器只是在早期几何印纹陶时期出现过细砂陶器，在其早或晚的时期并未出现过羼和料质量的显著变化。但是泥质陶器却变化颇大：前几何印纹陶时期出现过含铁量较低白陶和黄白陶，整个几何印纹陶时期却不复存在；中期几何印纹陶时期出现过含铁量更低的原始瓷器，之后不见。

上述变化反映了，人们在实践中逐渐认识了陶器原料对于陶器成品的成型、烧制和功能的影响作用，但只能够在当时的成型和烧制技术的条件下，有意识地选择适合于彼的陶器原料制作陶器（例如认识到无机物瘠性原料对陶器的作用）；而对原料的加工也只限于物理的加工（例如淘洗得更精细些），无法改变原料的化学成分（例如除铁方法等）；泥质陶器的比例渐次增高则表明，人们对陶器的质料与使用功能的关系认识得越来越深刻，并能有效地适应生产生活中陶器功能的需要来制作陶器。

二、关于陶器的成型、修整和装饰

（一）前几何印纹陶时期

均为手制成型。手制陶容器一般有泥条盘筑法和泥片贴筑法。此时期的为泥片贴筑法。其泥片粘贴从器物的底延至口部，一圈一圈地"错缝"粘接。虽然器物的附件（例如口沿和圈足）是事先做好再与器身粘贴上的，但是没有见到几何印纹陶时期那种器物主体分段成型后，再进行粘接的做法，为了区别之，本书将此时期的这种成型法称为"单次成型法"，将几何印纹陶时期的那种器物主体分段成型后再粘接的做法称为"复次成型法"。

此时期最常见的修整方法是：以手或椭圆扁形鹅卵石为"陶垫"垫着陶器内壁，另一手用"绳棍"，反复滚轧相对应部位的外壁，在陶壁被轧实的同时，器表上也就留下了工艺纹饰绳纹。此外，轧实陶胎的同时也修整器形的规整。

需要说明的是，"绳棍"修整法最为常见，并且修整是由口至底逐渐滚轧的，因此形成了此时期最流行的纹饰：绳纹，最流行的器物形态：垂腹。

由于泥质陶器的器壁较薄，陶土也较为细腻，修整的主要作用在于表面的光滑，因此修整方法有刮削、湿手抹平、器表的磨光和涂刷陶衣等。

此时期比较流行的装饰纹饰有：彩陶、填彩彩绘陶、磨光陶、刻划纹、戳印纹、凸点纹、贝划（印）纹、附加堆纹、镂孔和凹弦纹。这些纹饰的做法各异，但均与陶器的修整无关。

（二）早期几何印纹陶时期

此时期陶器的成型方法多样。较大型器物的器身，用泥条盘筑分段成型再粘接的"复次成型法"制成。器物的口沿和圈足，以及部分小形器物为轮制。器身与口沿或圈足粘接时，则用慢轮修整。

此时期纹饰的性质有两种，第一种是工艺纹饰向装饰纹饰过渡形态的纹饰；第二种是纯粹的装饰纹饰。

关于第一种。最为流行的是绳纹。如前所述，它是一种工艺纹饰，但这里的绳纹，有粗细不同，并有意施得很浅，以使之更美观。

凸棱纹多见于：诸如尊和罐等高颈宽沿器物的、两个口沿单元或口沿与器颈的粘接处。凸棱纹的做法是：特意在器物的粘接部位留有空隙，以能更好地在其外壁外敷一周泥条以加固之，这出于工艺需要；然而，在成品中，这周泥条被湿抹成光滑的弧边三角形，便形成凸棱纹，它变成了装饰。这种纹饰，与器物的高大个体相映衬，显得苍劲有力，起到了很好的装饰作用，形成此期器物的一个特色。

严格地说，拍印而成的几何印纹，也是为了拍实陶壁而留下的纹饰，可视之为工艺纹饰。但是此时期的几何印纹，纹样单元甚多，并且极富变化，尤其是在同一件器物上拍印两种或以上的组合纹饰，就不能不把它当做装饰纹饰了。

此时期拍印而成的纹饰，其样式众多，不遑尽列，仅聊述特殊者。

出现与消失均较早的：绳纹、曲折纹、叶脉纹、席纹和梯格纹；

最为流行和富有变化的：由交叉线条组成的各种线格纹。即各种考古文献中所常见的单线方（网、菱）格纹、多（二至五）线方（网、菱）格纹、格中加点（凸、乳凸、圈点、圆圈）纹。

少见但有特色的：云雷纹和卷云纹。其形态相似于商周青铜器纹饰中的地纹。

关丁第二种即纯粹的装饰纹饰。除了上述的组合纹饰之外，还可例举的有：通常作为栏框使用的弦纹，戳印成阴纹的"X"纹、指甲纹、圈点纹、方格状和卷云等。

（三）中期几何印纹陶时期

器物的成型有手制法、轮制法和轮修法。手制法中的"复次成型法"一般用于个体较大的器身，有的泥片捏接用于平底器的成型，泥条盘筑法则用于器身。轮制法多施用于个体较小的器物，或器物的附件。轮修法则用于器身与口沿、圈足捏接后的修整。

融修整和装饰功能于一体的仍然是拍印纹饰，纯粹用于装饰的有戳印和刻划纹饰；前者更为普遍。

拍印纹有菱格纹、席纹、曲折纹、双"F"纹、重圈纹、重三角纹、同心圆纹、云纹、雷纹、方格纹等。

在拍印纹饰中，与前一时期不同的是，此时期最流行双"F"纹。双"F"纹源于青铜器纹饰涡纹，最早形式的双"F"纹即是它的变体。约在西周中期，涡纹盛行，稍晚，各种形式的双"F"纹便开始流行。至春秋时期，逐渐消失，而最后的衰落是在春秋、战国之际。双"F"纹即以往考古文献中所称谓的夔纹或夔龙纹，前一称谓直观，后一称谓富有想象，见仁见智。如果把拍印而成的纹饰，置于工艺纹饰向装饰纹饰发展演变的链条上来理解，称之为夔龙纹最切合此意。准此，可把它誉为最流畅灵动的图案化拍印纹饰；而相对于其他众多拍印纹饰来说，它的陶拍制作和拍印技法也是最高水平的。

还值得注意的一点是，此时以点、弧线、圆组成的拍印纹饰，前此极为少见。

戳印和刻划纹饰与前一时期大同小异。但那种在琢器器身表面或圆器内底划出一周又一周的旋纹，将其分隔成若干圆弧带，再于其间戳印以圆圈或篦点的纹饰，形成了圆心发散式的构图。它的发生，一方面与轮制或轮修陶器的成型工艺密切相关，同时也对此后装饰纹饰的流行时尚产生影响。

（四）晚期几何印纹陶时期

此时期陶器的成型法有如前期。即大个体陶器的主体部分仍用手制法中的"复次成型法"制成。小个体的陶器主要用轮制。诸如口沿、圈足等，待轮制成型后，再与主体部分粘接。比较而言，此时轮制成型器的比例激升。

纹饰可分三类。第一类是常见的、拍印或压印而形成的三角格纹、方格纹、米字纹和网格纹等。第二类是刻划而成的弦纹、水波纹、条形纹，以及戳印而成的指甲纹、篦点纹和"之"字纹等。这两类纹饰还常作组合而形成另一类纹饰。第三类是施釉装饰，但釉陶中也有施加刻划纹或戳印纹装饰者。

拍印纹饰中最为流行的是米字纹。实际上，它相对于春秋时期流行的各种式样的"双 F 纹"，乃至商时期的"组合纹饰"，实在是太简单明了。或言之，这是拍印纹饰走向衰落的前兆；其他诸如方格纹、三角格纹和网格纹等，均可作此理解。

与之相对，方兴未艾的是第二类纹饰。它的显著特点是：以圆心为对称中心，圆心发散式的构图，并利用旋纹把整个圆面（如器盖）或球面（如其他琢器），划分出几个同心圆带，再于其间刻划或戳印各种样式的纹饰，整体上给人以紧凑而又灵动的视觉感受。这种风格的纹饰的逐渐流行，直觉上是人们审美情趣的转变；而这种转变的契机，无疑是轮制陶比例激升。

第三类装饰即釉装饰的兴起，这是此时期陶器装饰的又一特点。因为其一，釉液是配制的，这就需要弄懂所配制原料的性质，以及多种原料调和后的性质，这是需要我们现代称之为"化学"的知识的。其二，釉液添加在器胎表面时，与高温焙烧后的色泽是不一样的，为了达到人们所追求的那种色泽，是需要反复"实验"的。其三，符合所追求的色泽的釉液，是否也能比较牢固地附着于器物表面，也是需要反复"实验"的。所以说，它是陶器工艺极大地提高的体现。

我们应该看到，上述三种装饰的渐次流行，与整体的制陶工艺变革有着紧密的联系：可能正是轮制陶的逐渐普遍化，使陶器的修整环节无需强求拍打而导致了拍印纹饰的简单明了，促使米字纹的流行；也使窑工日复一日地面对着流动的圆周运动图像，从而催生了圆心发散式的构图的、刻划纹和篦点纹组合纹饰的兴起。也可能，低铁陶土原料的难于寻觅或除铁方法的高深，使原始瓷器与瓷器之间的高墙变得不可逾越，"迫使"人们在釉装饰方面反复实验，促成了釉陶的发展。或者因为，正是此时期的银岗等窑场生产专业化，产品用于交换，人们出于交换伙伴的需求和自己的短期利欲，舍弃了对原始瓷器或瓷器的技术追求。

上述四个时期的陶器成型、修整和装饰的变化轨迹是：

在成型方面：最早时期未见轮制法；之后的几何印纹陶时期，则由慢轮修整逐渐发展到较多地快轮拉坯。手制成型法中，早期的仅限于泥片贴筑的"单次成型法"；几何印纹陶时期则多见泥条盘筑的"复次成型法"。

在修整和装饰的夹砂陶器方面：最早时期的修整，重点在于绳棍滚压以期轧实器壁和器物总体形制上的规整，而几乎无暇顾及器物表面的装饰，结果是绳纹的流行；之后的几何印纹陶时期，虽然器壁的坚实和器形的规整还是修整的重点，但由于坯胎中比较科学地配置了无机物瘠性原料，胎体中有了"骨架"，收缩变形不大，也经得起拍打，因而在修整时便有余暇关注器物表面的装饰，结果是各种几何印纹陶的流行——在这个流行过程中，最初只是考虑到基本图案单元以及它们排列起来的美观（例如由交叉线条组成的各种线格纹，或简称方格纹）；逐渐地又考虑到多个不同的基本图案单元有序地排列起来的美观（例如考古工作者习称的组合纹饰）；当这种拍印而成的纹饰发展到顶峰的时候，那就是把原来组成图案的元素线条和凸点，改变成为弧线和勾点，在只有方折变化的基本图案单元中注入了圆弧的灵动，静态的基本图案单元游弋了起来（例如考古工作者习称的夔龙纹或双"F"纹）；在拍印而成的纹饰的最后时期所流行的"米字纹"，显然比起之前的组合纹饰尤其是夔龙纹，实在是简单明了许多，但从另一个侧面观察之，可体会到米字纹的构图特点在于：强调单个基本图案单元与共边相连的其他基本图案单元所组成的大图案的美观。因此说，米字纹的流行也蕴含着人们对几何图形的新认识。

在修整和装饰的泥质陶器方面：最早时期的修整，重点在于器表的装饰但其构图美未能与器物的造型协调地结合起来（例如某些戳印纹、凸点纹、贝印纹和附加堆纹等）；而之后的几何印纹陶时期，在装饰器表的同时，既能充分考虑装饰图案之美及其图案之间组合之美，还能将图案的构图与器物造型的协调结合起来以获得更佳效果的美感——在这个过程中，最初出现的是早期几何印纹陶时期的凸棱装饰。这种本来是出于工艺需要的附加堆纹，窑工不但把它加工成为装饰元素，而且还与器物的造型相互映衬而显得苍劲有力。紧随着出现的是在陶瓮或陶罐这种琢器的外壁，先用旋纹将其划分出几个弧形带，再于诸带中拍印不同样式的纹饰。最后是在圆器的器表或器里，以旋纹划出几个同心圆带，再于诸带中施以篦点纹，形成以圆心为对称中心，圆心发散式的构图，与圆器的造型美相得益彰。

三、关于陶器的烧制

（一）前几何印纹陶时期

此时期有氧化焰气氛烧成的红陶，还原焰气氛烧成的灰陶，还有利用渗碳技术烧成的渗碳黑陶。它们的烧成温度比较一致，大多数在900℃以下。

没有发现窑炉遗迹，但考虑到：陶器品种的多样化，以及烧成温度可达900℃左右，故推测已制备了窑炉，而且人们对窑炉的位置选择、结构设计、修治技术等，或已经积累了相当的知识。

（二）早期几何印纹陶时期

关于陶器的烧成温度，测试了圆洲6件标本，1件为1020℃，1件为950℃，其余4件均为920℃。较晚的村头陶器，测试了14件标本，3件为980℃，5件为950℃，其余6件为920℃，说明村头陶器的烧成温度略高于圆洲者。

一般说来，燃料的质量相近，人们又没有通过窑门鼓风或烟囱抽风以调节窑炉空气供应量的情况下，陶器原料中无机物瘠性原料含量较高时，有利于提高陶器的烧成温度。比较村头和圆洲遗址周围的土壤构成，若随意掘取陶土制陶，前者不利于提高陶器的烧成温度。但测试结果是村头的烧成温度略高于圆洲者，说明此时期较晚阶段的窑工，对陶器原料的成分与陶器成品的烧成温度之间的关系，已经有了一定的认识，而有意识地选择无机物瘠性原料含量较高的原料来制作陶器。

此外，所测试的圆洲6件标本中，其烧成气氛分别为：3件为"先还原后氧化"，1件是还原焰，2件温度较高者乃氧化焰；而村头的14件测试标本是清一色的还原焰烧成。根据科技考古研究者的解释，这里的"先还原后氧化"，并非人们有意识地控制燃料燃烧，反而是燃烧控制不当的结果。同理，村头窑炉的还原焰气氛也是燃烧控制不当所致。为什么圆洲的窑炉既能产生氧化焰气氛，又有还原焰气氛，而在氧化焰气氛中烧成的陶器温度高呢？为什么村头由于控制不当而产生了还原焰气氛，所烧成的陶器温度反而较高呢？在未发现窑址而只有目前这些证据的情况下，只能说，相对于圆洲而言，村头的窑炉结构更科学及烧窑技术更高明：能够达到"空气供给充足和确保燃料与空气均匀地混合"的基本要求。

（三）中期几何印纹陶时期

根据两个机构的科技考古研究人员的测试和分析得知，此时期陶器的烧成温度：较早阶段较低，约为900℃。随后，无论是原料的选择还是烧窑技术，都有了较大的改进，部分陶器已经接近1200℃，同时，胎体中出现了莫来石晶体，少数陶器中还发现了一定数量的方石英晶体。至最晚阶段，部分硬陶和原始瓷器业已达到了1250℃左右，而且样品中不仅发现有较多的莫来石、方石英晶体，甚至还产生了一定数量的玻璃相。又知，陶器或原始瓷器均在还原焰气氛中烧成。

分析梅花墩龙窑窑址认为：其结构中的火膛做成椭圆形，有利于采风和燃料的完全燃烧。窑床的容积大小合适，既能充分利用热量和空间，又利于窑工活动；或嫌坡度略缓。连接窑床的窑尾较窑床为宽大，并做成圆形，利于热量的回旋，充分利用热量，乃其高明之处。根据产品的烧成温度之高以及利用还原焰气氛烧成认为，其窑尾后壁当设有烟道，并且在烧造过程中运用控制烟道的技术还相当娴熟。其筑窑技术，窑床底部较精细的三层作法，尤其是最上层的铺沙，既有利于陶坯的装窑，又有利于热辐射，以保证产品各部位受热均匀。窑室材料经过精选，又夯筑有相当厚度，足以阻止热量的流失。概而言之，对于以木柴为燃料来说，这样的窑炉足以将窑温提高到极致，也可能基本保证窑室不同部位的温度均匀，但包括预热、缓提温、急提温、冷却四个环节的烧窑过程，花费时间会更长一些。

（四）晚期几何印纹陶时期

依据物理性能，可将此时期的陶器分为硬陶（其中部分施釉，可称为釉陶）和软陶。测试数据告知，陶器的烧成温度，最低的 900℃，最高的 1150℃。同时，1000℃ 以上者，除了个别样本之外，其余绝大多数为还原焰气氛烧成，是为硬陶或釉陶；以下者，绝大多数为氧化焰气氛烧成，乃软陶。此外，较之为早的横岭山或梅花墩硬陶，烧成温度为 1250℃ 的陶器并不罕见，有的甚至达到 1270℃。可见此时期的烧成温度不如彼时。

鉴于银岗窑场是专业化生产的、产品用于交换的大型窑场以及近邻的西瓜岭出土有龙窑窑址可断定，此时期的窑炉是龙窑。比较梅花墩与西瓜岭的龙窑认为，它们的窑室结构、筑窑技术和筑窑材料，大同小异；不过，此时期的窑室作"前端宽并高于后端"，与前一时期的"前窄后宽"有所区别。如上述，前一时期的陶器均为还原焰气氛烧成，此时期的确还有氧化焰气氛烧成的软陶，邓文曾有述及："硬陶和软陶坯体化学成分相似，采用的制坯原料相同，其物理性能差别的形成，主要原因是烧成温度和烧成气氛的不同。由于一个窑炉的一次烧窑过程中，放置于窑炉不同窑位的坯体所受温度和气氛不尽相同，故不排除同窑烧制的可能。"是否窑室的"前端宽并高于后端"是造成同窑不同温不同气氛的原因之一？

以上四个时期陶器烧制技术的变化轨迹可概括为：在前几何印纹陶和早期几何印纹陶时期，均已利用窑炉烧制陶器，但窑炉的基本构造无大区别，而陶器的烧成温度一般都在950℃左右。然而，从早期几何印纹陶时期的较晚阶段开始，装窑和烧窑技术较前有所提高，致使陶器的烧成温度略有提高。大致在横岭山第二期即中国历史上的西周早、中期之际开始，出现了可让热量在窑炉中回旋，并有烟道控制燃烧气氛的龙窑，从而使富含无机物瘠性原料的陶器的产品温度达到甚至超过1200℃。至战国时期陶器的烧成温度反而降低至1050℃左右，这一方面说明龙窑产生之后的一段时间内，窑炉的构造和烧窑技术未能获得有效的改进（至少说明尚未发生窑门鼓风技术），同时也说明当时的窑工只认识陶器原料与产品的烧成温度具有密切的联系，但是并无能力改变陶器原料主次量的构成比例。

四、关于陶器的种类、形制和使用

（一）前几何印纹陶时期

此时期的陶器中，夹砂陶器所占的比例远高于泥质陶器；但夹砂陶器只有釜、支脚和器座三种器类。其中，釜乃最大量者，容积较大，作束颈，深腹，圜底，无棱无角，便于炊煮之用。支脚下粗上细，上部向一侧倾斜，顶部有一斜面，可支撑陶釜炊煮。器座近喇叭形，上下通空，可放置陶釜。故这三种器物在沙堤上配合使用，比较合理。此外，作为炊煮类陶器，此时期还有个别形态似碗的夹砂陶器盖以及或为蒸或为烤食物所用的"器箅"。

此时所见的泥质陶器有罐、圈足盘、碗钵和杯豆。罐为立体造型的琢器，当做储存海产品干货、调味品、腌制品或麻醉品之用。其余泥质陶器器类均为平面造型的圆器，从使用功能的角度考虑，它们都应当是作为盛装当餐食物或端食之用的，但不排除其中有些乃"饮器"，以及部分彩陶器与居民进行某种民俗活动有关。

（二）早期几何印纹陶时期

此时期的东莞村头是聚落遗存，器类最为丰富，主要有釜、各类罐、尊、钵、圈足盘、豆、杯、器盖，器座、支脚、陶垫、纺轮和陶饰物等。

炊煮器有釜、器盖、器座和支脚。分析釜的烟炱认为，从使用的角度可将它们分为两大类。第一类如夹粗砂的窄沿釜和夹细砂的盔形釜，是与灶相对固定地配合使用，炊煮经常食用或比较固定的食物的。第二类如夹粗砂的钵形釜和夹细砂的宽沿釜，则与支脚和器座配合使用，不定时地用于炊煮非经常性食物。

贮藏用的罐，数量最多，样式繁杂，从功能出发，可将其分为大口（或小口）圈足罐和大口（或小口）凹底罐。分析此时期较晚阶段先民的生业认为，他们或有淀粉类干货需要储存，这可能贮藏于小口圈足罐里，以防潮。若储存蛋白类干货，则用大口圈足（或凹底）罐。维生素或蛋白类腌制品，也可用大口圈足（或凹底）罐。贮藏用的罐数量多，样式杂，与生产力水平的提高以及生活方式富于变化密切相关。

贮藏用的尊，出现于较晚阶段，数量较多，以功能视之，或用于存放短期存储的、经常取用的固体食物。尊为立体造型的琢器，基本样式作领口高阔，重心靠下，沉稳而富有张力，颇具中原夏商大口尊的风格。从这一点说，它的流行，或受中原夏商文化的影响，或为新的造型审美风尚的开始流行，故可言，较晚阶段的陶器已经蕴含了精神文化的要素。

盛器圈足盘豆类，数量更多，样式更繁杂。这直观地说明人们在日常的社会生活（这里具体为餐饮）中更讲究用形式来追求"生活质量"。若联系村头遗存所体现的社会生产和生活情况来分析，不能排除这类器物具有某种礼仪或祭祀的功能。

此外，作为制陶工具陶垫的出现以及一些陶质装饰物和玩耍物的偶见，表明了陶器生产开始向专业化起步。

（三）中期几何印纹陶时期

此时期的陶器物种类有釜、罐、瓮、簋、瓶、豆、罍、壶、尊、盆、杯、纺轮、器盖和器座，以及较多见的动物模型，如牛、羊、鹿、狗、鸡、鸟、鼠等。原始瓷器以豆类为主，偶见罐、盂、三足器、钵、杯、尊、盘。

这里用于炊煮的夹砂陶釜，出现了有耳（尤其是有内耳）釜，利于端放。因为釜耳容易粘接，但在使用过程中也极易脱落，因此它的出现，是制陶技术提高的表现。

罐的出土比例最高。也可分有耳和无耳两大类。无耳罐一般放置在比较固定的位置，储存非经常性存入或取出的物品；有耳罐则恰好相反。

泥质陶瓮的用途当与无耳罐同。

罍、壶和尊，其名称和形态同于当时中原青铜器者，但用途没有内在的联系，或同于上述的泥质陶罐。

簋和瓶为同类器物，略为流行。从形制上说，颇似中原周初的青铜簋，或受岭北青铜器的影响所致。从功能上说，它是在炊煮食物的釜，与端食食物的碗、钵之间，多出一层的、盛置食物的器皿，这说明人们用餐时比以前要讲究形式；然而，也不可排除它与豆之类的器物配合，用于某种礼仪活动。

器盖均为泥质陶。表明它是用来封盖盛器或贮藏器的。

陶豆和原始瓷豆是最为流行的盛器或端食器。在东江三角洲，此类器物早在前几何印纹陶时期已经出现，并持续流行，而此时更流行了高质量的原始瓷豆。因此，也可能它们与簋和瓶类器物配合，用于某种礼仪活动。

盆和杯，当为盛器和端食器。

纺轮在两处遗址均有相当数量出土，可见当时纺织工业已有一定的发展。

器座在横岭山和梅花墩均有出土，梅花墩还出有一定数量的鼎足。可见在圜底釜流行的同时，也有一些三足器用于炊煮。

梅花墩较多见动物模型，有牛、羊、鹿、狗、鸡、鸟、鼠等，这从功能上理解，是人们闲暇时聊为消遣的玩耍物。不过，横岭山原始瓷杯 M024：1，将器把做成牛头状，表明某些玩耍物已被抽象化，作为器物的装饰元素。

（四）晚期几何印纹陶时期

此时期的器物种类有釜、罐、盒、三足盒、碗、杯、器盖以及钵、鼎、盂、瓿、串珠、璧、瓦、纺轮、垫、拍、环和陶塑动物模型等。

釜和鼎无疑是炊煮器。出土比例仅次于罐。其中的直口双耳釜和鼎，前此均为偶见，今似有流行之势，这应是人们家居生活方式或有变化所致。

器盖，软陶、釉陶均有。一般饰同心圆弧带状的篦点纹，属于此时富有特色的器物。由于鼎的沿面内凹，便于加盖，如此，器盖当与鼎配合使用。

瓮和罐是贮藏谷物的器物，出土比例最高。这从一个侧面说明当时的农业相对发展的事实。

盒与南越国时的同名器物的形态相似，可能用于存放海产干货或植物干果。

罍和瓿有一定数量出土，用于盛水的可能性较小，联系到诸如杯、盅、盂之类的饮器较多地出土，或用于藏酒。

碗和钵是常见的端食器。

盘和洗或同为盛食器。

璧、环和串珠相伴出土，当为陶质的装饰物品。

西瓜岭出土陶祖 2 件。姑且视同动物模型，以陶质玩耍物属之。

陶拍和陶垫无疑是制陶用具。

板瓦、筒瓦和瓦当是建筑用陶，表明陶制品已经为社会广泛应用。

以上四个时期陶器的种类、形制和使用变化轨迹是：

在炊煮方面：在前几何印纹陶时期有釜、支脚、器座和"器算"四种器类。在早期几何印纹陶时期，虽然多了器盖但少了"器算"，大同小异。但问题的另一方面是，从分析此时釜的烟炱获知，此时有一种釜是与制备有排烟道的灶相对固定地配合使用的，这当为炊煮经常食用或比较固定的食物所用。中、晚期几何印纹陶时期，出现了便利于提端的有耳（尤其是有内耳）釜以及鼎的逐渐多见。究其内涵，应是制陶技术的提高与人们家居生活方式日渐变化的关联作用的反映。

在贮藏方面：早期仅有样式简单的罐一种器物。至早期几何印纹陶时期，罐的数量多，样式繁杂，并有一定数量的尊，这无疑与需要储存的物品数量和种类多不无关系。进入几何印纹陶的中期，出现了诸如罍和壶等名称和形态相同于当时中原青铜器的器物，虽然尚无证据说明它们的用途是否也相同，但总可说明人们的生活方式日渐讲究。而晚期几何印纹陶时期的罍、瓿和盒，或用于藏酒与存放海产干货或植物干果，足见人们的日常生活方式丰富多样。

在盛装方面：早期几乎未见盛器。几何印纹陶早期圈足盘豆类，部分或用于某种礼仪或祭祀。中期的簋和瓿以及晚期的盘和洗，可甄别为人们在用餐时，在炊煮器与端食器之间添加的一种器用，无疑是用餐方式的改变所致。

在端食（饮）方面：早期仅见圈足盘豆类，至几何印纹陶时期则种类繁多，除了圈足盘豆类仍在流行以及碗钵类最为常见之外，至晚期，更出现了杯、盅、盂之类的饮器。

此外，陶质的制陶工具和玩耍物在早期几何印纹陶时期，初露端倪，随后则日益多样化；建筑用陶是晚期几何印纹陶时期开始出现的。

附录一　东江流域遗址古陶瓷测试数据报告分析

娄欣利[1]　　曾小平[2]　　杨兆禧[2]

（1 广东省东莞市博物馆，东莞，523007；2 华南理工大学，广州，510640）

一、前　　言

30 多年来，随着改革开放和广东省的经济建设和发展，以广东的东莞为中心的东江流域，在较长的历史时间和较大范围内，相继发现了多处颇具规模的大型遗址，包括墓葬、生活遗址、陶瓷窑址等，出土了一大批文物，引起了文化界、考古学者的极大兴趣和认真研究。这些遗址跨越的年代长久，从新石器时期到春秋战国时期，出土的大批文物有：石器、玉石器、陶器、原始瓷器、骨器、蚌器、铁器、铜器、完整的古人类遗骸等。这多座遗址相处几十公里，均在东江水域两侧，从遗址的发现与发掘出土的器物来看，东江流域地区人类生活历史悠久，曾经是长期聚居之地，生活范围较广，生活形态有一定规模，历史深厚，文化悠久。

多处遗址出土文物中古陶瓷是一类主要文物，其保存基本完整、数量较多、造型特别、文化内涵丰富。从东江流域不同时期遗址出土的古陶瓷来看，东江流域有较长的古陶瓷历史，从新石器时期到春秋战国时期；有不同类型的陶瓷，如陶器和原始瓷器。东江流域内水网密布，交通便利，植被茂盛，流域附近泥料属沉积岩类型，故泥料的可塑性好，有利于陶瓷生产。因此东江地区具备古代陶瓷生产的诸多必备条件，特别是发现的几处陶瓷窑址，如博罗梅花墩窑址、博罗银岗窑址、相距博罗银岗遗址 30 公里的增城西瓜岭战国时期的龙窑遗址，出土了一批古陶瓷。东江地区这批窑址和遗址的发现与发掘，填补了广东陶瓷史春秋战国时期的空白，极大丰富了我国陶瓷史的研究内容，种种现象强烈喻示东江地区极有可能为我国古陶瓷起源的又一个重要地区。

多年来古陶瓷学者和考古学者对广东多处遗址的古陶瓷进行了一系列的研究，已取得了一些非常有价值的结果，如：乳源泽桥山出土的隋唐六朝古陶瓷[①]、龙川荷树排遗址春秋古陶瓷[②]、银岗遗址古陶瓷[③]、博罗梅花墩春秋时期古陶瓷[④]、博罗横岭山墓葬群出土古陶瓷[⑤]、东莞村头遗址古陶瓷等。学者们总结提出了广东古陶瓷的工艺特点：窑炉规模较大，能烧较高的温度；颗粒大小不均匀，但釉色较稳定；纹饰有明显的年代特征，如夔纹、米字纹，纹线有阴纹线或阳纹线等。地处东江流域中心位置的东莞及毗邻地区近几十年来也相继发现和发掘了多处遗址，如：咸头岭遗址、蚝岗遗址、圆洲遗址、村头遗址[⑥]、横岭山遗址、柏洲边遗址等，出土了大批的文物和大量的古陶瓷，详细研究东江流域遗址的古陶瓷，对补充广东地区古陶瓷历史文化资料和东莞地区的历史文化资料、对建设新东莞具有十分重要的意义。

受广东省东莞市博物馆的委托，我们对提供的东江流域五处遗址的 22 件古陶器残片进行测试分析工作，包括古陶器残片的外貌观察、化学成分、硬度、吸水率、烧成温度、烧成气氛等。希望通过测试分析和研究对比，得到一些有意义的研究结果，现将研究结果报告如下。

二、实 验 与 结 果

1. 外貌观察

通过对 22 片古陶器残片外貌观察，拍摄数码照片，详细观察记录陶器残片的形状、颜色、纹饰、厚度、颗粒、致密程度等，外貌观察结果见表 1，外观照片见图 1。

表 1　东江流域遗址陶瓷外貌观察（22 件样本）

序	遗址	样本号	外貌观察
1	咸头岭	06XTLT3⑨: 3 CS0001	样本为罐口沿残片，表面有戳刺纹及指甲印纹的纹饰，有圆孔洞，表面与坯体均呈土黄色，断口细密均匀，厚 5～10 毫米
2		06XTLT3⑦: 4 CS0002	样本为盆沿残片，表面刻有曲线纹饰，表面及坯体呈土黄色，断口细密均匀，厚 3～8 毫米
3		06XTLT3④: 7 CS0003	样本为罐口沿残片，表面呈灰黄色，刻有方格纹和几何组合纹，坯体断面呈黑色夹层、结构疏松、粗糙、可见明显颗粒状砂粒，厚 2～4 毫米
4		06XTLT3④ CS0004	样本为器物腹部残片，表面呈砖红色，有带状条形刻划纹，坯体断面呈灰黑色、结构疏松、粗糙、可见明显砂粒，厚 4 毫米
5		06XTLT1③ CS0005	样本为器物腹部残片，表面与断面坯体均呈泥灰色，表面刻有重菱格纹，坯体结构疏松、颗粒细致均匀，厚 5 毫米
6		06XTLT1③ CS0006	样本为器物腹部残片，表面呈黑色、刻有明显重圆圈形纹饰，断面坯体呈灰黄色，结构较粗糙疏松、但颗粒均匀，厚 4 毫米

序	遗址	样本号	外貌观察
7	圆洲	98DSYT0302④ CS0007	样本为口沿残片，表面呈白色、刻有棱格纹，坯体断面中心夹层呈黑色、较粗糙，结构均匀，无明显颗粒，厚4～14毫米
8		98DSYT0302④ CS0008	样本为罐口沿残片，表面呈灰白色、刻有条纹，坯体断面呈黑色和灰黑色，结构疏松粗糙、可见小颗粒，厚10～12毫米
9		98DSYTO302③ CS0009	样本为罐肩残片，表面及坯体断面呈砖红色、有斜条纹，结构较粗糙、明显有不均匀颗粒，陶质较硬，厚4～11毫米
10		98DSYT0302③ CS0010	样本为圆足底残片，表面有黑色表面层似釉层，较光滑，无纹饰，圆足有圆孔，坯体断面呈灰白色，断面细致，颗粒均匀，厚度不均匀，厚2～12毫米
11		98DSYT0103③ CS0011	样本为腹部残片，表面呈灰白色、部分呈黑灰色，有曲折纹。坯体断面呈灰白色，断面细致均匀，厚7～10毫米
12		98DSYT0203③ CS0012	样本为口沿残片，所夹砂粒中等，器壁表面呈砖红色，腹部饰叶脉纹，从断面观察，坯体断面呈深灰色、结构粗糙，颗粒大小不均匀。硬度较高。厚4～10毫米
13	村头	89DCG8③ CS0013	样本为罐口沿颈肩部残片，外壁表面均呈灰黑色，无纹饰，坯体断面则呈灰白色，断面颗粒细致均匀，较致密，厚6～12毫米
14		89DCT0907③ CS0014	样本为部分腹部及圈足残片，白陶泥质，表面及坯体断面呈浅白色、无纹饰、表面较光滑，坯体断面基本细致均匀、偶见大颗粒、较致密，厚5～8毫米

续表

序	遗址	样本号	外貌观察
15		HLSM081 CS0015	标本应为同一器物腹部残片。表面纹饰为云雷纹，泥质陶，外壁表面呈褐色，坯体断面为灰褐色，并夹有黑色颗粒。坯体断面颗粒较细致均匀、致密、陶质较硬，厚薄均匀，厚5毫米
16	横岭山	HLSM259 CS0016	标本疑为腹部残片。其中一块表面及坯体呈褐色，表面饰有云雷纹，内壁有黑色小点分布，坯体断面致密，颗粒细致均匀，厚6毫米。另一块表面呈灰褐色、饰有方格纹，内壁上有大量橙红色附着物，坯体断面呈灰色，结构疏松，颗粒大小均匀，从断面和内壁来看，皆有大量黑色小点分布。厚4~5毫米
17		HLSM059 CS0017	标本疑为腹部残片。其中一块灰陶器壁较厚，表明呈黄褐色，有棱格纹饰，且陶片内外有小量结晶状釉面，但大多已剥落。坯体断面呈灰褐色，坯体断面疏松粗糙，颗粒均匀。厚6毫米。另一块陶片为灰褐陶，有网格纹，从断面来看，夹层明显，且有深褐色块状物分布，坯体断面疏松，颗粒细致均匀。厚8毫米
18		06DZⅢT2216H7④:25 CS0018	样本为腹部残片，表面及坯体断面均呈灰白色，外壁有带状条形刻划纹，表面施有青绿色釉，釉与坯体结合不好，多剥落，坯体断面疏松，颗粒细致均匀，厚薄不均匀，厚3~10毫米
19		06DZⅢT2216③ CS0019	样本为腹部残片，表面呈黑色，饰有米字纹。从断面观察坯体有褐黑色夹层，且布满黑色小斑点。坯体断面疏松粗糙，颗粒均匀，厚8毫米
20	柏洲边	06DZⅢT2216H7① CS0020	样本为腹部残片，夹砂陶，夹有细砂，器壁呈黑色，从断面观察坯体呈灰黑色，且有黑色小斑点分布。器壁表面饰有波浪纹。坯体断面致密，夹有细砂，颗粒较细均匀，厚薄均匀，厚7毫米
21		06DZⅢT0104H1 CS0021	样本为腹部残片，表面及坯体断面均呈灰褐色，表面刻有不明显的细弦纹。表面及坯体断面均粗糙疏松，可见明显砂颗粒，属夹砂陶，坯体厚15毫米
22		06DZⅢT2216H11 CS0022	样本为罐口沿及肩部残片，表面及坯体断面呈砖红色，外壁布满方格纹，陶质较硬。坯体断面粗糙疏松，可见明显砂颗粒，厚薄不均匀，厚5~10毫米

图 1　东江流域遗址陶器外观照片

2. 烧成工艺与物理性能测试

对古陶器的烧成技术进行研究，采用称重法测定样本的吸水率；采用重烧测吸水率法测定样品的烧成温度；采用气氛重烧法测定样品的烧成气氛；采用标样划痕法测定样品的莫氏硬度。古陶器残片物理性能测试结果见表2 。

3. 化学成分分析

我们用 X 射线荧光分析法（XRF）对样本进行化学成分分析，样本经粉碎高温灼失后，以黏土标样为标准样，在飞利浦公司 PW4400 型 X 射线荧光光谱分析仪上测量。主要化学成分分析结果见表3。

表 2　东江流域遗址陶器烧成工艺和物理性能（22 件样本）

序	遗址	样本号	烧成工艺、物理性能			
			烧成温度（℃）	烧成气氛	吸水率（%）	硬度（莫氏）
1		06XTLT3⑨：3 CS0001	—	还原	24.74	3
2		06XTLT3⑦：4 CS0002	920	还原	17.59	3
3	咸头岭	06XTLT3④：7 CS0003	—	还原	17.78	3
4		06XTLT3④ CS0004	900	先还原 - 后氧化	12.94	3
5		06XTLT1③ CS0005	920	还原	26.80	3
6		06XTLT1③ CS0006	920	还原	15.89	3

序	遗址	样本号	烧成工艺、物理性能			
			烧成温度（℃）	烧成气氛	吸水率（%）	硬度（莫氏）
7		98DSYT0302④ CS0007	920	先还原-后氧化	22.42	4
8		98DSYT0302④ CS0008	920	先还原-后氧化	13.74	5
9	圆洲	98DSYTO302③ CS0009	950	氧化	6.64	5
10		98DSYT0302③ CS0010	920	先还原-后氧化	16.17	5
11		98DSYT0103③ CS0011	920	还原	14.39	5
12		98DSYT0203③ CS0012	1100	氧化	8.12	4
13	村头	89DCG8③ CS0013	920	还原	15.26	4
14		89DCT0907③ CS0014	920	还原	16.20	4
15	横岭山	HLSM081 CS0015	950	还原	5.00	5
16		HLSM259 CS0016	1020	还原	6.71	4
17		HLSM059 CS0017	1020	还原	23.42	4

续表

序	遗址	样本号	烧成工艺、物理性能			
			烧成温度（℃）	烧成气氛	吸水率（%）	硬度（莫氏）
18	柏洲边	06DZⅢT2216H7④：25CS0018	1020	还原	2.99	5
19		06DZⅢT2216③ CS0019	980	还原	4.58	5
20		06DZⅢT2216H7① CS0020	950	还原	6.19	4
21		06DZⅢT0104H1 CS0021	1020	还原	12.37	5
22		06DZⅢT2216H11 CS0022	1020	氧化	13.60	5

表3　东江流域遗址古陶瓷化学成分　　　　（w%）

样本号	遗址	SiO_2	Al_2O_3	Fe_2O_3	TiO_2	CaO	MgO	K_2O	Na_2O	灼失
CS0001	咸头岭	35.64	34.46	3.01	0.23	0.27	0.54	3.36	0.45	19.50
CS0002		47.47	27.79	3.28	0.33	0.33	0.52	3.76	0.74	11.70
CS0003		50.98	29.71	3.68	0.55	0.36	0.39	2.35	0.19	20.20
CS0004		57.83	14.56	4.12	0.22	0.58	0.16	2.07	0.73	11.60
CS0005		65.5	25.31	3.33	0.51	0.03	1.03	0	0.57	1.63
CS0006		59.88	26.58	2.45	0.40	0.23	0.60	2.23	0.45	7.78
CS0007	圆洲	64.14	23.34	2.15	0.36	0.87	0.36	1.36	0.51	3.49
CS0008		66.28	23.13	1.87	0.29	0.77	0.51	3.04	0.06	4.42
CS0009		61.80	20.02	5.15	0.28	0.21	0.45	2.60	0.21	1.49
CS0010		62.21	23.93	2.78	0.34	0.94	0.53	1.55	0.38	5.01
CS0011		67.72	21.59	3.01	0.46	0.83	0.58	1.30	0.64	2.54
CS0012		65.91	18.20	4.66	0.25	1.92	0.25	1.54	0.42	10.15

样本号	遗址	SiO_2	Al_2O_3	Fe_2O_3	TiO_2	CaO	MgO	K_2O	Na_2O	灼失
CS0013	村头横岭山	67.5	22.76	2.53	0.37	0.53	0.79	1.78	0.39	1.87
CS0014		80.11	17.55	1.37	0.51	0.20	0.49	1.06	0.79	1.07
CS0015		65.68	20.01	5.75	0.37	0.15	0.32	1.45	0.41	1.43
CS0016		60.89	27.64	5.49	0.44	0.03	0.52	0.57	0.60	0.81
CS0017		73.33	17.99	2.26	0.38	0.09	0.13	1.45	0.42	0.88
CS0018	柏洲边	68.19	13.55	2.46	0.35	0.31	0.27	1.44	0.87	1.00
CS0019		60.74	20.14	7.96	0.35	0.19	0.49	2.01	0.44	0.68
CS0020		59.96	24.57	5.20	0.41	0.19	0.52	1.39	0.40	1.33
CS0021		80.44	14.72	3.17	0.31	0.08	0.15	1.01	0.46	1.16
CS0022		66.67	23.92	2.17	0.37	0.9	0.39	1.43	0.61	1.76

三、讨论与分析

1. 东江流域遗址古陶器的外貌特征

对东江流域五个遗址的 22 片古陶器残片进行详细的外貌观察，各个遗址陶器外貌特征有所区别：

（1）咸头岭遗址陶器特征：残片较碎小，坯体断面颜色以浅色为主，如土黄、浅黄和泥灰色，只有标本 CS0004 表面呈砖红色、坯体断面呈灰黑色。所有残片表面均无上釉，但均刻有明显纹饰，如：戳刺纹及指甲印纹、菱格纹、曲折纹、条纹、重棱格纹、重圆圈纹，方格纹和几何组合纹。所有标本均结构疏松、粗糙、颗粒细小但均匀。属泥质陶。

（2）圆洲遗址陶器特征：残片中可以观察判断为陶器的器足或口沿，厚度不均匀。大多标本表面和坯体断面呈白色或灰白色、坯体断面中心夹层呈黑色和灰黑色。

坯体断面结构疏松粗糙、明显可见颗粒，较粗糙，4 件标本坯体断面见有夹层。标本 CS0009、CS0011 坯体断面无夹心层，CS0009 整体砖红色。所有标本表面均无上釉，但多数标本均刻有不明显纹饰，如：刻有斜条纹、曲折纹、条纹。属砂质陶。

（3）村头遗址陶器特征：2 件标本为不同陶器的罐口沿颈肩部残片和部分腹部及圈足残片，外表颜色截然不同，其中 CS0013 外壁表面均呈灰黑色，似表面陶衣，坯体断面则呈灰白色；CS0014 为白陶泥质，表面及坯体断面呈浅白色。表面均无纹饰，坯体断面颗粒细致均匀，属泥质陶。

（4）横岭山遗址陶器特征：残片较碎小，均疑为器物腹部残片。表面及坯体断面颜色以褐色为主，表面均刻有纹饰如：云雷纹、棱格纹饰、网格纹。标本 CS0017 表面有小量结晶状黄色釉面，其余均无上釉。从标本 CS0017 断面来看，夹层明显，且有深褐色块状物分布。陶器标本均结构疏松、粗糙、颗粒细小但均匀。属泥质陶。

（5）柏洲边遗址陶器特征：样本中可以观察判断为陶器的腹部残片或口沿残片。标本表面有 1 件呈白色，2 件呈黑色，还有 2 件分别呈砖红色和灰褐色。大多坯体断面见有夹层，中心夹层呈黑色和灰黑色。坯体断面结构疏松粗糙、明显可见颗粒，较粗糙，但陶质较硬，属夹砂陶。CS0018 标本表面施有青绿色釉，釉与坯体结合不好，多剥落。标本均刻有明显纹饰，如：刻有带状条形刻划纹，米字纹、曲折纹、波浪纹、细弦纹、方格纹。

从各个遗址的陶器残片外观比较可见，陶器残片多数为可辨器类罐釜的口颈及腹部残片等，为泥质陶、夹砂陶和夹碳陶。绝大多数陶器表面无上釉但有纹饰。圆洲标本 CS0010 及柏洲边标本 CS0019、村头标本 CS0013 附有一层均匀黑色泥皮或灰黑色的表面层，与坯体结合良好，从外观来看，疑是前人专门施上的一层保护土或着色层，作为保护层或装饰着色，由于此保护层原料组成及烧成温度不高的原因，而未能烧结成为光亮的釉层，只形成一层较为光滑的保护层，经日久使用仍然保留在上面。其中部分标本坯体夹层呈黑色和灰黑色的夹心层现象，是标本当时烧制工艺控制气氛不当引起的，烧制前期柴火燃烧不完全为还原气氛，泥坯中间的有机质成分未能得到完全的氧化而呈现黑色和灰黑色，到烧制后期柴火燃烧因各种原因燃烧完全，氧气通过窑口进入，但氧化时间不足，窑口附近器物表面氧化完全，形成表面层白色，而中心夹层却因氧化时间不足而呈黑色和灰黑色这种先还原后氧化现象。

2. 东江流域遗址古陶器化学成分的特征

我们采用 XRF 法对高温灼失后样本进行了化学成分分析，从分析结果来看，东江流域遗址古陶瓷的化学组成有其明显的特征：

（1）样本含硅量较高，高达 62.88% ~ 72%，一些样品（柏洲边 CS0021）的含硅量高达 80% 以上；含铝量在 16% ~ 18%。结合表 3 和表 4，可见各个遗址古陶器化学成分中的硅铝比值绝大多数在 2 ~ 3 之间，其中咸头岭遗址古陶器硅铝比值主要在 1 ~ 2，圆洲遗址古陶器硅铝比值主要在 2 ~ 3，村头遗址古陶器硅铝比值主要在 3 ~ 4，横岭山遗址古陶器硅铝比值主要在 3 ~ 4，柏洲边遗址古陶器硅铝比值在 3 ~ 5。结合外貌观察中坯体个别样本中可见到大小不均颗粒，说明遗址古陶器原料以未经细化的黏土为主，其所用原料是用含硅量高的黏土。关于原料问题，东莞属亚热带气候，雨水充足，珠江口内植被茂盛，水网密布，地域泥料分布广泛，故原料来源可就地取材，有利于陶瓷生产，但具体地方的原料仍有区别。如能发现当地生产陶器的古窑址，则可以证明此点

表 4　东江流域遗址古陶器的硅铝比值和烧成温度范围

样品	遗址	年代	距今（年）	SiO_2/Al_2O_3	烧成温度（℃）
陶器	咸头岭	新石器	6000	1.03 ~ 2.25	900 ~ 920
陶器	圆洲	新石器晚期至商代	4000	2.60 ~ 3.62	920 ~ 1020
陶器	村头	新石器晚期至商代	3500 ~ 4000	2.97 ~ 4.56	920
陶器	横岭山	商代至两周时期	3500	3.28 ~ 4.08	950 ~ 1020
陶器	柏洲边	春秋战国	2500 ~ 3200	2.44 ~ 5.46	950 ~ 1020

（2）样本含有大量的有机质，东江流域遗址古陶器 CS0001、CS0002、CS0003、CS004、CS0012 几个样品的灼失量比较大，灼失量达 10%～20%，重烧后的样品粉末颜色均由黑褐色变为灰白色和浅红色，在氧化气氛下，黑色有机质完成高温氧化变为水蒸气和二氧化碳。这与珠江口内的泥料中含有腐残质料有关，也有可能是先人在制陶过程中添加的植物碎茎（如碎稻草秆）或其炭灰，如果是添加的，说明先人在几千年前在制陶工程中已掌握加入植物碎茎或其炭灰以改变泥坯的成型性能，增加泥料的韧性，以免引起成型收缩和烧成收缩导致陶器变形和开裂现象。此外，这些有机质能保存下来，说明陶器烧成时是在还原气氛和不高的烧成温度下进行的。如果烧成气氛是氧化气氛，温度又足够高，在高温氧化下泥料中的有机质完全氧化就不存在黑色的夹心层。

（3）样本化学成分中含有较高的铁，铁含量在 1.37%～7.96% 间，在完全氧化气氛下成为高价铁离子（Fe^{+3}），陶瓷中三价铁呈砖红色。但在还原气氛下成为低价铁离子（Fe^{+2}），陶瓷中二价铁呈砖青色或灰色，如含铁量少时则显浅灰色。这说明了为什么样本重烧氧化后颜色会由灰白色变成红色。

3. 东江流域遗址古陶器的烧成工艺与物理性能

（1）烧成工艺特征

样品的结构除个别是较致密外，大多数结构疏松、吸水率高。陶瓷的吸水率反映了其结构致密程度。陶瓷结构中所含的气孔多，其气孔率必然高导致样品吸水率高，则陶瓷结构疏松；反过来陶瓷结构中气孔少，其吸水率低，则陶瓷结构致密。咸头岭遗址陶器吸水率在 12.94%～26.8% 之间，为 5 处遗址陶器吸水率最高。柏洲边遗址陶器吸水率在 2.99%～13.6% 之间，是 5 处遗址陶器吸水率最低。其他几个遗址陶器吸水率在 5%～23.4% 之间。在这些吸水率较高的样品中，从外观也可见样品粗糙及断口不够致密、气孔多。陶瓷样品不够致密其原因有几个：泥料有机质多、原料颗粒粗细不均、烧成温度不高。东江流域遗址出土的古陶器当时的工艺条件有限，原料未经过细粉碎加工，原料颗粒大小肯定不够均匀，这是造成其不够致密的原因。

采用重烧测吸水率法测定样品的烧成温度，经测定，样品烧成温度在920～1020℃之间。咸头岭遗址陶器烧成温度在900～920℃之间，为5处遗址陶器烧成温度最低。柏洲边遗址陶器烧成温度在950～1020℃之间，是5处遗址陶器烧成温度最高。陶瓷烧成温度的测定有几个办法，有热膨胀法、重烧法、重烧测吸水率法等。瓷器因其原料成分、颗粒大小和烧成温度恰当，故坯体烧结好，用热膨胀法测定烧成温度比较合适和准确，但陶器则因其原料成分、颗粒大小和烧成温度不稳定，故坯体烧结程度一般或未完全烧结完好，用重烧测吸水率法测定其烧成温度比较合适。从烧成温度测定结果来看，东莞历代遗址出土的古陶器的烧成温度确实不高，故是造成其不够致密的另一个原因。

采用气氛重烧法测定样品的烧成气氛，在氧化气氛重烧后，东江流域遗址古陶器样品颜色均发生了变化。古陶瓷样品的不同颜色是受含铁量多少和有机质杂质多少而影响，由于古陶瓷原料中普遍有一定的含铁量，东江流域遗址古陶器含铁量在1.37%～7.96%之间，铁在氧化气氛中经高温氧化后，以高价态铁离子形态在陶瓷中显砖红色，而在还原气氛下，低价态铁离子在陶瓷中呈青灰色，有机杂质未完全氧化以炭黑形态存在，所以出土样本坯体呈灰色、浅红色、褐色或黑色。观察样品在重烧测定后的颜色变化可判断原来的烧成气氛。东江流域遗址古陶器在氧化气氛下重烧大多由灰色、浅红色、褐色或黑色变为明显红色或灰白色，所以样品原来均在还原气氛中烧成。每一遗址古陶瓷原烧成条件是各个样品不尽相同的，推断来说也可能是不同窑、甚至是不同时期烧成的陶器。古代烧陶瓷的窑炉早期由于技术条件有限，窑炉结构简单，烧成过程很不稳定，或通风不良、供氧不足，柴火燃烧不充分，往往是形成还原气氛。但窑炉口附近氧气相对充足，就会出现同一件陶瓷样品外表面灰白色而中心层黑色的夹心现象，这是烧成过程中出现先还原后氧化的效果。

（2）硬度

由于陶瓷材料结构复杂，且性质硬而脆，塑性形变小。故陶瓷硬度表示方法常用有维氏硬度、努普硬度和洛氏硬度。它们都是通过陶瓷表面压入法而测得陶瓷的硬度，需要专用仪器和平整光滑的陶瓷片。陶瓷硬度的另一种常用表示方法还有莫氏硬度。莫氏硬度法用于古陶瓷硬度研究也是一种合适的方法，因为古陶瓷经历几千年的自然侵蚀过程，标本多不完整、欠平整，用仪器较难完成其硬度测定。莫氏硬度是在 1824 年由德国矿物学家莫斯（Frederich Mohs）首先提出。它是表示矿物硬度的一种标准。应用划痕法将棱锥形金刚钻针刻划所试矿物的表面而发生划痕，习惯上矿物学或宝石学上都是用莫氏硬度。莫氏硬度值并非绝对硬度值，而是按硬度的顺序表示的值。莫斯提出测定矿物相对硬度的 10 种标准矿物。由小到大分为 10 级：滑石 1，石膏 2，方解石 3，萤石 4，鳞灰石 5，正长石 6，石英 7，黄玉 8，刚玉 9，金刚石 10。

东江流域遗址古陶器莫氏硬度测定结果表明，古陶器的硬度普遍较低，莫氏硬度在 3~5 级。说明当时制陶工艺条件有限，烧成温度不高，陶器烧结不好，其硬度也就较低的。各个遗址的古陶瓷莫氏硬度高低依次是：柏洲边 ≥ 村头 ≥ 圆洲 ≥ 横岭山 > 咸头岭。

四、结　语

通过上述的分析比较和讨论，我们对东江流域遗址的古陶器制作工艺和化学组成有了一个清楚的概念，归纳起来有如下几点：

（1）东江流域遗址的出土古陶器残片可以辨认的主要是罐口沿和器足的残片，为红陶、灰陶和夹砂陶和夹碳陶，大多数陶片表面印有简单纹饰，如：棱格纹、重圈纹、云雷纹、网格纹、米字纹、曲折纹、波浪纹、细弦纹、方格纹等纹饰。陶器颜色比较复杂，有橙红、黄、灰白、白、黑等不同颜色。

（2）东江流域遗址的出土陶器所用原料可能是用当地含硅量高的制陶黏土。其中最大的特征是含硅量高，含铝量低，SiO_2/Al_2O_3 在 1～5 之间，与广东其他遗址有差异。东莞属亚热带气候，雨水充足，珠江口内植被茂盛，水网密布，地域泥料分布广泛，故原料来源可就地取材，有利于陶瓷生产。

（3）坯体中普遍可见颗粒大小不匀、粗糙；烧成温度不高，在 920℃～1020℃ 之间，烧成气氛主要为还原气氛，但有先还原后氧化现象；硬度普遍较低，大部分样品的莫氏硬度在 3～4 之间，部分样本莫氏硬度为 5，各个遗址的古陶瓷莫氏硬度高低依次是：柏洲边≥村头≥圆洲≥横岭山＞咸头岭；古陶器不够致密，样品吸水率在 2%～26% 之间。

（4）如果将古陶瓷与生产年代先后对比的话，虽然各个遗址的年代相差几百年到 2000 多年，但各项工艺技术水平相差不大，如柏洲边遗址距今是 2500 年前的古陶瓷，对比咸头岭遗址相差近 3000 年，但古陶瓷烧成温度只是稍为高一点（从 920℃ 提高到 1020℃）和颗粒细化均匀了。显然是后面的人们逐渐认识到原料的选择和加工的重要性，对陶器的成型、烧成性能有很大的帮助，所以逐渐实现由夹砂质地陶陶器向泥质陶的转变。但总的来说制陶的工艺技术水平提高的较慢。

参 考 文 献

［1］　广东省文物考古研究所：《乳源泽桥山六朝隋唐墓》，文物出版社 . 2006 年，202～210 页。

［2］　杨兆禧、魏然波、程军、邓宏文：《广东龙川荷树排遗址古陶瓷的研究》，郭景坤主编《05 古陶瓷科学技术 6 国际讨论会论文集（ISAC＇05）》，上海科学技术文献出版社，2005 年 27～31 页。

[3] 广东省文物考古研究所：《广东博罗银岗遗址第二次发掘》，《文物》2000 年 6 期，4～16 页。

[4] 胡晓力、陈楷：《博罗梅花墩窑古陶瓷的研究》，《中国陶瓷》1996 年 2

[5] 吴隽等：《广东博罗横岭山墓葬群出土陶器及原始瓷器的科学技术研究》，郭景坤主编《05 古陶瓷科学技术国际讨论会论文集（ISAC'05）》，上海科学技术文献出版社，2005 年，57～67 页。王建平、陈铁梅、程玉冰：《广东博罗先秦硬陶的 XRF 和 INAA 研究》，《文物保护与考古科学》2004 年 4 期，43～49 页。

[6] 李岩：《东莞村头遗址第二次发掘简报》，《文物》2000 年 9 期。娄欣利：《村头遗址的资源与生计方式研究》，《南方文物》2009 年 3 期，123～129 页。

附录二　村头拾获

娄欣利

一、村头钩沉

村头遗址位于珠江虎门入海口东岸，在珠江三角洲平原的东南部，北距东莞市近30公里。该遗址分布于村头村西侧的台地上，发掘面积达万余平方米。1989～1990年初和1993年3～7月，广东省文物考古研究所联合东莞市博物馆先后两次对该遗址进行发掘，发掘清理了明代和商代两个时期的遗物。村头遗址商时期遗存的发现与清理，对研究珠江三角洲地区的早期青铜器文化有着极为重要的意义和价值。明清时期遗存的发现，为了解该地区居民建筑形式和陶器断代提供了可贵资料。

2005年底，笔者从祖国大陆最南端——湛江调任东莞工作，离开熟悉、情牵的红土文化，即将接触拥有岭南文明重要起源地、中国近代史开篇地、华南抗日根据地和改革开放先行地等丰厚历史文化资源的莞邑文化，如何深入发掘、系统利用本土文化资源，尽快融入东莞文化新城建设，结合相关业务课题形成工作突破口，梳理出有助于提升文化软实力的精神元素，增强东莞城市的凝聚力和感召力，全面实现博物馆的社会效能，成为萦绕笔者心头的难题。

依托丰厚的历史文化资源、雄厚的经济实力，东莞市委、市政府2005年提出了博物馆之城建设的发展战略目标。在社会各界共同努力下，截至2008年年底，建成、在建博物馆达33座，初步形成了公有博物馆与社会办博物馆互为补充，各行业和各种所有制博物馆全面发展的博物馆体系和市、镇、村三级博物馆网络。

在4个市属博物馆中，鸦片战争博物馆致力于打造有国际影响力的品牌；东江纵队纪念馆始终保持和营造着浓厚的抗日历史氛围，积极发挥爱国主义教育基地作用；可园新馆落成后，将成为岭南园林建筑和岭南画派文物作品的收藏、研究与宣传基地。相比之下，东莞博物馆作为东莞市唯一的地方综合性博物馆，明显个性不够突出，特色不够鲜明，定位不够清晰，品牌意识不强，对文博事业发展先进方向把握不够。同时缺乏中长期的发展规划，缺乏基础业务课题支撑，缺乏重点工作引领点、突破口。

东莞博物馆的前身是创建于1929年、竣工于1931年的东莞博物图书馆，作为东莞市唯一的综合性博物馆，担负着当地文物收藏、保护、研究、宣传和教育职能，是博物馆之城建设中藏品托管与保护基地。建馆80年时间里，通过历年的考古发掘、文物征集和调拨，东莞博物馆积累了较丰富的馆藏文物，现有馆藏文物5616件（套），其中以近现代书画和古籍文献及历代东莞名人、重要历史事件和东莞历年考古发掘出土的文物为馆藏特色藏品，其中不乏精品。更重要的是，这些珍贵的文物，大多都是东莞文明与历史传统的见证物。为尽快形成以重点业务项目为突破口，全面提升锻炼队伍，构建区域性中心博物馆，在广泛查阅资料和充分征求有关专家意见后，东莞村头贝丘遗址研究整理课题逐渐进入笔者的视野。

2006年年初，在广东省、东莞市文物主管部门的关心支持下，东莞博物馆与广东省文物考古研究所领导汇报和沟通，很快确定了双方的合作整理研究意向。随后，在广东省文物考古研究所八楼临时整理场地，笔者与负责村头遗址文物整理工作的李岩研究员进行了详谈，明确了编辑报告的思路和方向，立意侧重编写内容的创新性和可读性，避免枯燥地陈述发掘内容，强调与社会公众的互动和交流，提升发掘报告的高度和视野，同时明确了双方承担的工作任务及相关后勤服务细节。

2006年5月21日夜，三辆满载陶片的五吨加长卡车悄然驶进东莞市博物馆，装卸好近500箱陶片后，已近凌晨3点钟。面对堆积满地的陶片、摆放整齐修复后的陶器，在弥漫着为东莞文化建设前行的号角中，我虽有些迷茫与疑惑，但推进整理研究课题的信心和决心却更加坚定了。

二、村头寄盼

在村头发掘报告即将付印出版之际，忆想起近三年的艰辛整理研究过程，种种收获的喜悦油然而生。村头遗址散发的芬芳魅力，在千余个日夜里，吸引着各级领导和专家学者欣然而至，亲切关怀、悉心指导：

2006年5月，著名考古专家吕遵谔、北京大学考古学教授黄蕴平女士在广东省文物考古研究所朱非素研究员的陪同下来东莞博物馆考察村头遗址出土文物标本并前往虎门村头遗址实地考察、指导研究工作。

2006年7月19日，北京大学文博学院院长赵辉教授到东莞市博物馆馆指导村头遗址文物的整理和研究工作；

2006年7月23日，广东省文物考古研究所黄道钦所长、副所长卜工研究员到东莞市博物馆指导村头遗址文物整理工作；

2006年8月9日，中国社会科学院广州分院地理研究所李平日教授、谭惠忠高级工程师、冯炎基高级实验师到东莞博物馆指导村头遗址文物的整理和研究工作，对遗址出土石器作岩性等鉴定；

2006年8月初，北京大学考古系硕士研究生张颖与导师黄蕴平对村头遗址出土动物骨骼标本作测量。主要鉴定哺乳动物的种群，还专门对猪骨骼标本进行性别、年龄鉴定；

2006年8月18日，广东省文物局局长苏桂芬到东莞市博物馆指导检查村头遗址文物整理工作；

2006年10月29日，美国哈佛大学人类学系前系主任巴翱夫（Ofer Bar-Yosef）先生在北京大学文博学院吴小红副院长陪同下来访村头遗址整理现场；

2006年12月27日，中国社会科学院考古研究所吴耀利研究员等及香港古物古迹办事处同行参观指导村头遗址整理工作；

2007年3月14日，著名考古学家严文明先生在广东省文物考古研究所副所长卜工研究员、村头遗址领队朱非素研究员、魏峻博士、崔勇副研究员陪同下视察指导村头遗址整理工作；

2007年9月5日，中国社会科学院考古研究所科技考古中心碳十四实验室张雪莲研究员、史前研究室傅宪国研究员对村头遗址出土文物进行采样分析研究，以探究珠三角地区史前人类食物结构及不同区域间的文化交流。

整理研究工作期间，广州、深圳、珠海、香港各大学、院所的同行也多次来到东莞博物馆，对整理研究工作提出宝贵的建议。

近百位高层次、高水平的领导和专家学者的来访和言传身教，对村头发掘报告的最终完成功不可没，对东莞市博物馆业务建设，对笔者和工作团队的成长和提升起到至关重要的推动、促进作用。

三、村头远望

有人说，考古是用艺术的手指触摸历史，用细密的考证印证文献，这也正是考古的魅力。解读村头，就仿佛有一座无形的桥梁把过去和未来紧密连接在一起，迈出的每一步都充满神奇的诱惑，脚下发出历史的回音，总有一种心灵的震颤和激动。如果说蚝岗是珠江三角洲地区贝丘遗址的序曲，那么，村头则是其尾声中响亮的乐章，村头遗址有力印证了东莞3500年前后发展的历史，其出土文物包含了非常重要的历史信息和文化特征，反映了东莞这座城市的渊源和风采。

村头遗址文物整理研究工作虽然告一段落，但其后续研究和课题延伸还没有结束。在各级领导关心支持下，在专家学者的倾力指导下，东莞市博物馆联合有关科研事业单位，依托村头文物整理工作，结合新学科、新技术在考古发掘领域的应用，顺应文物科技工作发展方向，提出进一步的研究课题，为构建区域中心博物馆宏图事业奠定基础、引领方向。

1. 村头贝丘遗址石器痕迹观察与模拟试验

村头遗址出土商时期的石器达千余件，是目前广东省考古发掘所获得最大一批日常生产生活用的石质工具；村头贝丘遗址石器痕迹观察与模拟试验是对石质工具进行深入系统研究的课题，通过对石器进行观察分析和模拟比对，观察手段依托光学显微镜和电子显微镜，试图对原料来源、破损与使用状况、劳动对象等作出研判，细化对村头贝丘遗址生产方式的认识。商时期贝丘遗址的石器痕迹观察与模拟试验在国内考古界属于首例，最终将编纂出版专著《村头贝丘遗址石器痕迹观察与模拟试验》一书。

2. 东江流域先秦古陶瓷器工艺历史的研究与模拟

村头贝丘遗址作为东江流域商时期的代表性贝丘遗址，陶器工艺有着显著的自身特点，同样作为东江流域的先秦遗址，特别是东江流域的珠江三角洲东部地区，自成序列，陶器工艺的演变有基本线索，而且还具有一定的代表性。课题以自然科学手段的化学分析与考古学方法相结合，对各个相关遗址的陶器进行制法、材料、烧成温度、微量元素含量等的分析排队，建立东江流域先秦古陶瓷器工艺历史序列；同时，利用唯美陶瓷博物馆窑炉的资源，还可将研究成果进行适当模拟，以具体的形象表现来检验研究成果，并为今后本地展览、文化产业开发所用。

东江流域先秦古陶瓷器工艺历史序列研究是以东莞市自身文物资源优势而开展的科研项目，以自然科学手段的化学分析与考古学方法相结合并加之模拟，对各个相关遗址的陶器进行制法、材料、烧成温度、微量元素含量等的综合分析在我省尚属首例，最终将编纂出版专著《东江流域先秦古陶瓷器工艺历史的研究与模拟》一书。

3. 三维 GIS 技术在东江流域文明研究领域的应用

三维 GIS 技术是集合计算机科学、地理学、测量学、地图学等多门学科综合的技术，是处理地理数据的输入、输出、管理、查询、分析和辅助决策的计算机系统。

我们将通过在文物普查过程中获得的田野考古数据信息加以分类和整理，建立适应 GIS 应用的信息指标体系。根据信息指标体系对东江流域文化遗址进行多方位、多层面直观形象的相对空间构建、古环境再现、未来场景预见等模拟研究。此外，虚拟考古环境还将对古地貌、古水文等环境要素进行模拟和演变推测，丰富环境考古和景观考古的内容。利用三维 GIS 技术对范围内文化遗存进行信息化研究，目前在广东省内处于领先地位，最终将编纂出版《三维 GIS 技术在东江流域文明研究领域的应用》一书。

我们知道，研究课题的延伸工作任重而道远，还有许多具体工作需要加倍努力去完成，尚有许多考古缺环和研究课题有待进一步去填补、深化与调整，但是通过我们的积极努力，必定会有新的收获，出现新的突破。对此，我们充满信心。

四、村头弄潮

过往的 3 年里，在东莞博物馆之城建设纲要的指引下，在文化主管部门的指导下，东莞市博物馆负责筹建了东莞粤剧博物馆、东莞蚝岗遗址博物馆、常平李任之生平事迹陈列馆、石龙博物馆、塘厦艺术博物馆、麻涌岭南水乡民俗博物馆等相关文化设施，在博物馆之城建设中发挥了重要作用。通过全面参与博物馆之城建设业务工作，配合全国第三次文物普查，结合村头遗址文物整理、地方碑刻资源调查、石质文物研究保护、《东莞市博物馆历史文化丛书》编撰等业务工作的开展，工作团队得到锻炼提升、业务素质明显飞跃、工作氛围和谐融洽，形成了全体员工想干事、能干事、干好事的氛围，有效地增强了全馆的凝聚力和向心力。

站在世界工场东莞的"村头"，在文化大发展大繁荣、东莞文化新城建设中，依托在村头遗址文物整理过程中积累的经验和资源，东莞博物馆大胆解放思想，创新观念，以世界的眼光谋划未来发展方向，确定可持续发展的功能定位。我们提出整合馆藏资源，树立品牌意识，突出自己的特色，扩大博物馆在社会上的知名度，力争成为东莞乡土文化教育、历史教育基地和重要场所。

为全面提升博物馆的管理和服务水平，使博物馆事业科学有序地发展，我们提出了建立数字化博物馆和金鳌洲塔保护利用的近期规划目标。

立足突破馆舍限制，在网络虚拟空间拓展业务。通过数字化博物馆建设，利用村头遗址文物、馆藏书画等丰富的馆藏文物，提高博物馆展览、保管、办公效率，完善电子馆藏文物系统和扩大展览展示宣传，开辟新的发展空间。另外充分利用东莞博物馆托管的金鳌洲塔现有历史文物资源，制定保护利用发展规划，发挥金鳌洲塔的社会功能，构建东江沿岸历史文化带。

同时将筹建新馆作为东莞博物馆一项中长期规划，着力解决馆舍条件限制东莞博物馆发展的问题。我们将抓住免费开放和博物馆评估定级工作这个契机，进一步加强和规范博物馆行业管理，不断扩大博物馆的社会影响，在与社会的互动中提高博物馆的水平和服务能力，发挥博物馆传承文明、普及知识、丰富生活的作用，为东莞市博物馆全方位发展搭建一个良好的平台。

五、结　语

我们生活在先民们活跃过的土地上，传承着先民们留给我们曾经创造的辉煌的文化。所以，我们要了解我们的根，我们从哪里来，我们在先人的基础上一步步传承前进，永不止步。

有人说从一个国家对文化遗产的态度能够看出这个国家的文明程度，发达的国家注重历史，发展中的国家注重将来。文物和遗存作为一个国家，一个民族文明程度的有效载体，代表着这个国家的历史和底蕴，显示着这个民族的历史轨迹，具有书本知识所不可替代的形象性和直观性。因此，保护和探索人类文化遗产，是我们文物工作者义不容辞的历史使命。

我们希望，在东莞经济社会高速发展的今天，关心村头遗址的不应只是考古学的专家，也包括关心东莞历史和文化的社会公众，包括享受着、创造着莞邑文化遗产的你、我、他。

也许我们的整理和研究并不能尽善尽美，但我们相信，前行方向没有偏颇；也许我们的眼界和水平有限，但学术本身没有疆界。

路依然在脚下延伸，收获凝结在点点滴滴……

Pottery Research of Pre-Qin Dynasty
of the Dongjiang River Delta

后 记

浩荡东江，夜以继日，奔向珠江，流向大海。

一方水土养一方人，一方水土也滋长一方文化。千百年来，东江哺育了一代又一代在此繁衍生息的莞邑子民。东江流域境内考古发掘的出土文物反映着沿岸城市的渊源和风采，也包含了非常重要的历史信息和文化特征。近年来，随着深圳市咸头岭、东莞市村头、博罗横岭山和增城市浮扶等遗存发掘整理的开展，东江三角洲先民真实的生活状况逐渐为世人了解和熟悉。

东江三角洲先秦陶器工艺历史悠久，内容丰富，自成序列，具有鲜明的地方特色和深厚的文化传统，是认知先民的重要手段和途径。在多位潜心研究、颇有体悟的师友指点下，笔者结合多处东江三角洲先秦遗存科技测试结果，深入剖析其陶器工艺情况，并以之为基础尝试探讨相关的考古学问题，虽苦索初获仍遗憾良多，望各位同仁不吝赐教。

本书能如期出版，我首先要感谢暨南大学研究生导师赵善德先生，在他的倾力悉心指导下，课题研究的高度和角度得以全面的提升与扩展；暨南大学的学友郭菁菁、孙剑侠和柏宇亮也为资料的前期收集、整理尽心努力；感谢一路走来鼎力无私提供研究资料的李岩、李海荣、吴海贵、张强禄等师友的热忱指教；感谢中山大学许永杰教授百忙之中欣然为本书作序；感谢周金凤、叶惠芬等同事对资料整理的默默付出；感谢黎飞燕、吴孝斌等同志为本书摄影、绘图操心劳力。

最后，我还要感谢所有关心和支持东莞市博物馆工作的各位领导、专家学者和社会各界朋友，正是你们的关注和鼓励，给了我们奋勇争先的力量，虽知前路漫漫，仍会前行不止，勇立潮头。

东莞市博物馆馆长　　娄欣利

深圳咸头岭遗址陶器测试标本　06XTLT3⑨：3 / CS0001

深圳咸头岭遗址陶器测试标本　06XTLT3⑦：4 / CS0002

深圳咸头岭遗址陶器测试标本　06XTLT3④：7 / CS0003

深圳咸头岭遗址陶器测试标本　06XTLT3④／CS0004

深圳咸头岭遗址陶器测试标本　06XTLT1③／CS0005

深圳咸头岭遗址陶器测试标本　06XTLT1③／CS0006

东莞园洲遗址陶器测试标本　98DSYT0302④ / CS0007

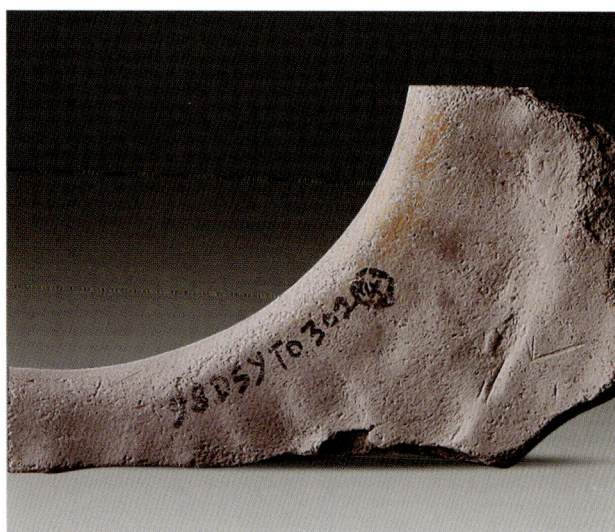

东莞园洲遗址陶器测试标本　98DSYT0302④ / CS0008

东莞园洲遗址陶器测试标本　98DSYT0302③ / CS0009

东莞园洲遗址陶器测试标本　98DSYT0302③ / CS0010

东莞园洲遗址陶器测试标本　98DSYT0103③ / CS0011

东莞园洲遗址陶器测试标本　98DSYT0203③ / CS0012

东莞村头遗址陶器测试标本　89DCG8③ / CS0013

东莞村头遗址陶器测试标本　89DCT0907③ / CS0014

博罗横岭山墓地陶器测试标本　HLSM081 / CS0015

博罗横岭山墓地陶器测试标本　　HLSM259／CS0016

博罗横岭山墓地陶器测试标本　　HLSM059／CS0017

东莞柏洲边遗址陶器测试标本　　06DZⅢT2216H7④：25／CS0018

东莞柏洲边遗址陶器测试标本　06DZⅢT2216③ / CS0019

东莞柏洲边遗址陶器测试标本　06DZⅢT2216H7① / CS0020

东莞柏洲边遗址陶器测试标本　06DZⅢT0104H1／CS0021

东莞柏洲边遗址陶器测试标本　06DZⅢT2216H11：1／CS0022